Hermann Alexander Schlögl
Echnaton – Tutanchamun

Hermann Alexander Schlögl

Echnaton – Tutanchamun

Daten · Fakten · Literatur

5., erweiterte Auflage

2013

Harrassowitz Verlag · Wiesbaden

Abbildung auf der hinteren Umschlaginnenseite:
Stammbaum der Könige und Königinnen der späten 18. Dynastie

Bibliografische Information der Deutschen Nationalbibliothek
Die Deutsche Nationalbibliothek verzeichnet diese Publikation in der Deutschen
Nationalbibliografie; detaillierte bibliografische Daten sind im Internet
über http://dnb.dnb.de abrufbar.

Bibliographic information published by the Deutsche Nationalbibliothek
The Deutsche Nationalbibliothek lists this publication in the Deutsche
Nationalbibliografie; detailed bibliographic data are available in the internet
at http://dnb.dnb.de.

Informationen zum Verlagsprogramm finden Sie unter
http://www.harrassowitz-verlag.de

© Otto Harrassowitz GmbH & Co. KG, Wiesbaden 1983, 1985, 1989, 1993, 2013
Das Werk einschließlich aller seiner Teile ist urheberrechtlich geschützt.
Jede Verwertung außerhalb der engen Grenzen des Urheberrechtsgesetzes ist
ohne Zustimmung des Verlages unzulässig und strafbar. Das gilt insbesondere
für Vervielfältigungen jeder Art, Übersetzungen, Mikroverfilmungen und
für die Einspeicherung in elektronische Systeme.
Gedruckt auf alterungsbeständigem Papier.
Layout und Satz: Julia Guthmüller
Druck und Verarbeitung: Memminger MedienCentrum AG
Printed in Germany

ISBN 978-3-447-06845-1

*Dem Andenken von
Helma-Louise Schlögl (1958–2012)*

Inhalt

Abbildungsverzeichnis IX
Abkürzungsverzeichnis XI
Vorwort XIII

Ausgangslage unter Amenophis III. 1
Der Regierungsantritt Amenophis' IV. 10
Das Problem der Mitregentschaft Amenophis' IV.
mit seinem Vater Amenophis III. 16
Die ersten Regierungsjahre in Theben
und die Revolution des 4. Jahres 20
Führende Beamte nach dem 4. Regierungsjahr 29
Die Gründung einer neuen Residenz 34
Die neue Kunst Amenophis' IV. Echnaton 42
Die Krönung des Werkes 49
Die Verwaltung unter Echnaton 56
Außenpolitik in Asien und Afrika 59
Die späten Jahre 64
Die provokative Körperdarstellung Echnatons 72
Meritaton und Semenchkare 75
Tutanchaton / Tutanchamun und das Ende
der Residenz in Achetaton 79
Aja und Haremhab 84
Das in Eile gefertigte Königsgrab 89
Zum Fortwirken der Amarnazeit 96

Anhang

Texte der Amarnazeit	101
Nicht übersetzte Begriffe	102
Inschriften aus dem Grab des Vezirs Ramose	103
Text der sog. älteren Grenzstelen	105
Text einer der elf jüngeren Grenzstelen	111
Der Sonnengesang Echnatons	116
Der kleine Sonnengesang	120
Das Danklied des Kammerherrn Tutu an König Echnaton	122
Lobpreis für König Echnaton und die Stadt Achetaton durch den General Maja	123
Eine Inschrift aus dem Grab des Truchseß Parennefer	125
Inschriften aus dem Grab des Hohenpriesters des Aton, Merire	125
Der erste Diener des Aton im Tempel des Aton in Achetaton, Panehesi, preist König Echnaton	127
Aja berichtet in seinem Grab von seinem untadeligen Lebenslauf	127
Gespräche zwischen Wachtposten und Jugendlichen aus dem Grab des Aja	130
Der nubische Feldzug	131
Die Restaurationsstele des Königs Tutanchamun	132

Abbildungsverzeichnis

Seite 10 *Echnaton*
aus C.R. Lepsius, Denkmäler aus Ägypten
und Äthiopien, Berlin 1849–1858, Abt. III, Bl. 111

Seite 16 *Amenophis III.*
aus I. Rosellini, I monumenti dell'Egitto e della Nubia,
Pisa 1832, Taf. M. R. XL, Abb. 1

Seite 20 *Echnaton und seine Familie am Erscheinungsfenster*
aus C.R. Lepsius, a.O., Bl. 103

Seite 29 *Erhöhung des Pentu*
aus N.d.G. Davies, The Rock Tombs of El-Amarna,
London 1903/1908, Bd. IV, Taf. IX

Seite 34 *Achetaton* (Rekonstruktion von Ralph Lavers)
aus C. Aldred, Echnaton. Gott und Pharao Ägyptens,
Bergisch-Gladbach 1968, Taf. 111

Seite 42 *Das königliche Paar mit einer Tochter
auf dem Prunkwagen*
aus N.d.G. Davies, a.O., Bd. IV, Taf. XXXI

Seite 49 *Die königliche Familie bringt Aton Opfer dar*
aus N.d.G. Davies, a.O., Bd. IV, Taf. XXXI

Seite 56 *Palasteingang von El-Amarna*
aus C.R. Lepsius, a.O., Bl. 99a

Seite 59 *Vertreter unterworfener Völker fallen vor dem König
nieder*
aus E. Erman – H. Ranke, Ägypten und ägyptisches
Leben im Altertum, Tübingen 1923, S. 477, Abb. 188

Seite 64 *Echnaton und Nofretete am Sterbebett ihrer Tochter
Maketaton*
aus E. Erman – H. Ranke, a.O., S. 365, Abb. 164

Seite 72 *Echnaton*
aus C. R. Lepsius, a. O., Bl. 101
Seite 75 *Eine Königin der 18. Dynastie*
aus E. Erman – H. Ranke, a. O., S. 243, Abb. 91
Seite 79 *Tutanchamun und Anchesenamun*
aus A. Piankoff, The Shrines of Tut-Ankh-Amon,
New York 1955, S. 15, Abb. 2
Seite 84 *Aja wird von seinen Freunden beglückwünscht*
aus C. R. Lepsius, a. O., Bl. 105
Seite 89 *Ein Verstorbener im Inneren seines Grabschreins*
aus A. Piankoff, a. O., S. 51, Abb. 11
Seite 96 *Sethos I. opfert Wein vor Osiris, Isis und Horus*
aus E. Erman – H. Ranke, a. O., S. 307, Abb. 138

Abkürzungsverzeichnis

Arnold, BK	D. Arnold, Lexikon der Baukunst, Zürich 1994
ASAE	Annales du Service des Antiquités de l'Egypte, Kairo
BIE	Bulletin de l'Institut d'Egypte; bis 1920
BIFAO	Bulletin de l'Institut Français d'Archéologie Orientale, Kairo
BSEG	Bulletin de la Société d'Egyptologie, Genf
BSFE	Bulletin de la Société Française d'Egyptologie, Paris
Dodson/Hilton	A. Dodson – D. Hilton, The Complete Royal Families of Ancient Egypt, Kairo 2005
CdE	Chronique d'Egypte, Brüssel
Grimm-Schoske	A. Grimm – S. Schoske (Hrsg.), Das Geheimnis des goldenen Sarges, München 2001
Helck, Grab 55	W. Helck, Das Grab Nr. 55 im Königsgräbertal. Mainz 2001
Hornung, D. E.	E. Hornung, Der Eine und die Vielen. Altägyptische Gottesvorstellungen, Darmstadt 2005 (6. Auflage)
JARCE	Journal of the American Research Center in Egypt, Boston
JEA	Journal of Egyptian Archaeology, London
JAMA 2010	Journal of American Medical Association 303 (7), 2010, 638–647
JNES	Journal of Near Eastern Studies, Chicago
Kêmi	Kêmi. Revue de philologie et d'archéologie égyptiennes et coptes, Paris
LÄ	Lexikon der Ägyptologie, Wiesbaden 1975 ff.
MDIK	Mitteilungen des Deutschen Archäologischen Instituts, Abteilung Kairo, bis 1944; Mitteilungen des Deutschen Instituts für ägyptische Altertumskunde in Kairo, Berlin/Wiesbaden, ab 1970: Mainz

MIFAO	Mémoires publiées par les membres de l'Institut Français d'Archéologie Orientale du Caire, Kairo
Murnane, T.	W. J. Murnane, Texts from the Amarna Period in Egypt, Atlanta 1994
OEAE	D. B. Redford, The Oxford Encyclopedia of Ancient Egypt, 3 Bde., Kairo 2001
Or	Orientalia, Nova Series, Rom
Or. Suec.	Orientalia Suecana, Uppsala
Porter-Moss	Bertha Porter – Rosalind L. B. Moss, Topographical Bibliography of Ancient Egyptian Hieroglyphic Texts, Reliefs and Paintings, 7 Bde., Oxford 1927–52, 2. Aufl.: 1960 ff.
PSBA	Proceedings of the Society of Biblical Archaeology, London
RdE	Revue d'Egyptologie, Kairo, ab Bd. 7: Paris
Rec.Trav.	Recueil de Travaux relatifs à la philologie et à l'archéologie égyptiennes et assyriennes, Paris
Reeves, Äg.	N. Reeves, Faszination Ägypten, München 2001
SAK	Studien zur Altägyptischen Kultur, Hamburg
Schneider, LP	Th. Schneider, Lexikon der Pharaonen, München 1996
Sokar	Sokar. Die Welt der Pyramiden, Verlag Michael Haase, Berlin (seit Herbst 2000)
Wilkinson, TAE	R. H. Wilkinson, The Complete Tempels of Ancient Egypt, London 2000
Tietze, Amarna	Chr. Tietze, Amarna-Lebensräume-Lebensbilder-Weltbilder, Berlin / Weimar 2010
Tyldesley, Queens	J. Tyldesley, The Complete Queens of Ancient Egypt, Kairo 2006
ZÄS	Zeitschrift für Ägyptische Sprache und Altertumskunde, Leipzig / Berlin

Vorwort zur fünften Auflage

Amenophis IV. Echnaton und sein Sohn Tutanchaton / Tutanchamun gehören zu den Königen des Alten Ägypten, die sich einer ganz besonders regen publizistischen Aufmerksamkeit erfreuen. Steht bei Echnaton die ungewöhnliche und schillernde Persönlichkeit des Herrschers und seine von ihm selbst ausgelöste Kulturrevolution im Mittelpunkt des Interesses, so ist der Name des jung verstorbenen Tutanchamun mit der sensationellen Wiederentdeckung seines bis heute einmaligen Grabschatzes verbunden. Ausstellungen, welche beiden Königen gewidmet waren, haben in Europa und Amerika gewaltige Besuchermassen angelockt, wobei im Gefolge dieser Ausstellungen weitere Publikationen über beide Herrscher erschienen sind.

Der Leser, der sich nun über Echnaton und Tutanchamun informieren möchte, hat bei dem großen Literaturangebot nicht nur die Qual der Wahl, sondern er findet zudem in den verschiedenen Veröffentlichungen teilweise sehr unterschiedliche Antworten auf seine Fragen. Das Anliegen der hier vorliegenden Publikation geht nun vor allem dahin, dem Leser als Vademecum durch die manchmal sehr verzweigten Pfade der Fachliteratur zu dienen. Um diese Pfade leichter betretbar zu machen, sind die notwendigen und zahlreichen bibliographischen Angaben chronologisch und thematisch gegliedert. Ein kurzes Kapitel leitet jeweils die so geordnete Bibliographie ein und informiert über die wichtigsten historischen Zusammenhänge. In den letzten zwei Jahrzehnten hat die historische Erforschung der Zeit Echnatons – vor allem durch die genetische Untersuchung der königlichen Mumien der späten 18. Dynastie – neue und spektakuläre Erkenntnisse geliefert, die in die Neuausgabe eingearbeitet sind. Im Gegenzug sind viele Titel ausgeschieden, weil sie nur spekulative Möglichkeiten boten, die heute widerlegt sind. Im Anhang findet der

Leser wichtige Quellen der Zeit in Übersetzung vorgelegt. Die angegebenen Jahreszahlen richten sich nach der „Chronologie der Ereignisse" in: Christian Tietze, Amarna.
Da die Hieroglyphenschrift keine Vokale wiedergibt, ist die Umschreibung von Eigennamen immer problematisch. So bleibt der Entschluß inkonsequent, einerseits eingebürgerte gräzisierte Namen (z. B. Amenophis) zu verwenden, andererseits Namen in der allgemein üblichen Vokalgebung zu schreiben. Wenn hier aber auf die von G. Fecht wiederentdeckte Vokalisation von Eigennamen (Echnaton = Achanjati oder Nofretete = Nafteta) verzichtet wird, dann deshalb, weil diese Namen dem Fernerstehenden noch zu ungeläufig sind.
Herrn Professor Erik Hornung und Frau Dr. Elisabeth Staehelin habe ich für viele Anregungen und Ratschläge zu danken. Die Auswahl der Strichzeichnungen verdanke ich Herrn Andreas Brodbeck und Frau Dr. Regine Buxtorf hat die diffizile Korrektorarbeit übernommen und erstellte darüber hinaus in verdienstvoller Weise den Stammbaum der Könige und Königinnen der späten 18. Dynastie nach den neuesten Erkenntnissen: Es war die Humangenetik, die nach dem Jahr 2005 mittels der DNS-Analyse schließlich Klarsicht in die Familienverbindungen der Amarnazeit gebracht hat.
Bei dieser Veröffentlichung darf man den berühmten Satz des Terentianus Maurus (2. Jahrhundert n. Chr.) leicht verändern: Pro captu auctoris habent sua fata libelli (nach der Erkenntnis des Schreibers haben Büchlein ihre Schicksale). Herr Dr. Helmut Petzolt hat 1983 die Arbeit in das Programm des Harrassowitz Verlages aufgenommen. Ihm, Herrn Michael Langfeld und vor allem Frau Dr. Barbara Krauß sage ich Dank dafür, daß auch die fünfte, vollständig überarbeitete und erweiterte Auflage des Bändchens neu erscheinen kann.

Freiburg, im Juli 2012,
Hermann Alexander Schlögl

Und wir: Zuschauer, immer, überall
dem allen zugewandt und nie hinaus!
Uns überfüllts. Wir ordnens. Es zerfällt.
Wir ordnens wieder und zerfallen selbst.
Rainer Maria Rilke, achte Duineser Elegie

Ausgangslage unter Amenophis III.

Um die historischen Zusammenhänge der Zeit Amenophis' IV. Echnaton verständlich zu machen, ist es notwendig, zuvor die Ära seines Vaters Amenophis' III. Nebmaatre zu skizzieren, welcher als 9. König der berühmten 18. Dynastie etwa von 1388–1351 v. Chr. regierte. Das Herrscherhaus, dem er entstammte und das damals schon ca. 150 Jahre über das Nilland gebot, hatte die glänzende Epoche des Neuen Reiches begründet und Ägypten zu einer Weltmacht der damaligen Zeit werden lassen. Es hatte das selbständige Fürstentum Kusch (Nubien) annektiert und dort eine straffe Verwaltung unter einem ägyptischen Vizekönig eingerichtet; dieses Amt wurde in der Regel von einem hohen Verwaltungs- oder Militärbeamten ausgefüllt, der manchmal auch mit dem Königshaus verwandt gewesen sein mag. Das nubische Gebiet mit seinen Steinbrüchen und Goldminen war für den wirtschaftlichen Aufschwung dieser Epoche von entscheidender Bedeutung.

Weniger straff gegliedert als in Nubien war die Verwaltung in dem ebenfalls von Ägypten kontrollierten Gebiet in Syrien und Palästina, wo eine endgültige Sicherung der

Macht nicht zuletzt durch das Mitanni-Reich verhindert wurde, das nördlich in Syrien an den ägyptischen Einflußbereich grenzte. Die militärischen Auseinandersetzungen, die hier stattfanden, wurden erst beendet, als – noch zur Zeit Thutmosis' IV. (1397–1388 v. Chr.), des Vaters von Amenophis III. – die Hethiter von Norden her angriffen und Mitanni so zwischen die Fronten geriet. Es nahm Friedensverhandlungen mit Ägypten auf, die durch die Heirat Thutmosis' IV. mit einer mitannischen Prinzessin besiegelt wurden. Nach Jahren der Konfrontation konnte nun ein friedliches Nebeneinander entstehen. Die Mutter des neuen Königs aber war keine Prinzessin, sondern eine Bürgerliche, die Mutemuia hieß.

Unter Amenophis III. blieben die Grenzen des Reiches meist ruhig, nur aus dem 5. Regierungsjahr des Herrschers sind kriegerische Aktivitäten überliefert: Ein nubischer Aufstand wurde niedergeschlagen, wobei die Leitung dieser Aktion wohl nicht in der Hand des Königs selbst, sondern in der des Vizekönigs von Kusch, Merimose, lag.

Insgesamt erscheint Amenophis III. als ein Mann der Diplomatie und der Repräsentation. Unter ihm entfaltete der königliche Hof seine größte Pracht. Als Bauherr übertraf dieser Herrscher alle seine Vorgänger, wobei ein Hang zum Kolossalen zum Ausdruck kommt. An die Spitze der Bauleitung berief er Amenophis, Sohn des Hapu, der aus Athribis, einer Stadt im Delta stammte. Dieser gelangte zu höchsten Ehren, und der König gestattete ihm sogar, sich einen Totentempel auf der thebanischen Westseite zu errichten, ein Privileg, das sonst nur dem Pharao selbst zustand. In späterer Zeit wurde Amenophis, Sohn des Hapu, als großer Weiser und Gott verehrt. Als Bauherr errichtete Amenophis III. u. a. dem Gott Amun den Tempel von Luxor, der noch heute zu den eindrucksvollsten Zeugnissen altägyptischer Architektur zählt. Der Totentempel des Königs auf der thebanischen Westseite

besaß gewaltige Ausmaße. Heute sind nur noch die beiden einst den Eingang flankierenden, fast 20 m hohen Sitzstatuen des Herrschers erhalten. In klassischer Zeit sahen griechische und römische Reisende darin die Abbilder des äthiopischen Sagenkönigs Memnon, der durch die Hand des Achilleus vor Troja fiel. So ist diesen Statuen der Name „Memnonskolosse" bis zum heutigen Tag geblieben.
Politisch scheint der König auf friedlichen Ausgleich mit den Nachbarvölkern bedacht gewesen zu sein. Auch er vollzog seine diplomatische Heirat und nahm noch in den frühen Jahren seiner Regierung die Mitanniprinzessin Giluchepa, Tochter des Königs Schutarna, in seinen Harim auf. Zu seiner großen Königsgemahlin erhob er jedoch – und dies war ein völlig ungewöhnlicher Vorgang – Teje, die bürgerliche Tochter eines Rindervorstehers und Propheten des Gottes Min namens Juja und dessen Gemahlin Tuja aus der mittelägyptischen Stadt Achmim. Als Schwiegervater des Königs erhielt Juja einige Ehrentitel, darunter den eines „Gottesvaters". Teje, welche die Mutter der Prinzen Thutmosis und Amenophis wurde, erwies sich als eine bedeutende und starke Persönlichkeit, die sogar gelegentlich als Regentin des Staates hervortrat; sie erfüllte aber durch ihre bürgerliche Herkunft kaum die Voraussetzungen für eine große Königsgemahlin. Unter Amenophis III. kam die Sitte auf, gewisse Ereignisse, die z. B. Jagd- und Harimsangelegenheiten betrafen, auf der Unterseite von Skarabäen zu verewigen. Diese Gedächtnisskarabäen sind uns in fünf verschiedenen Serien überliefert und wurden anläßlich der Hochzeit mit Teje zum ersten Mal ediert. In seinen späteren Jahren heiratete der König auch zwei seiner Töchter, nämlich Satamun und Isis. Dieser Vorgang mag uns befremdlich erscheinen, doch sollten wir ihn nicht nach heutigen Moralvorstellungen werten. Es scheint, daß der König mit diesen Eheschließungen den Bruch mit der religiösen Tradition zu korrigieren versuchte, der durch

die Heirat mit Teje entstanden war. Auch eine weitere Mitanniprinzessin gelangte in den Harim des Herrschers, nämlich Taduchepa, die Tochter des neuen Mitannikönigs Tuschratta. Da dieser durch den Hethiterkönig Suppiluliuma hart bedrängt wurde, hatte er allen Grund, seine Beziehungen zu Ägypten möglichst eng zu gestalten.

Auf religiösem Gebiet setzte Amenophis III. die alten Traditionen ungebrochen fort, wenn auch gewisse neue Akzente hinzukamen. Im Mittelpunkt der Verehrung stand der solare Allgott in seinen Erscheinungsformen Amun-Re und Re-Harachte, doch eine Sonderform des Sonnengottes, Aton, der im abstrakten Bild der Sonnenscheibe verehrt wurde, erhielt immer mehr Geltung. Es gilt auch als sicher, daß die bedeutende religiöse Dichtung „Buch von den Pforten des Jenseits", welche zur Literaturgattung der Unterweltsbücher gehört und die Fahrt des Sonnengottes durch die zwölf Nachtstunden beschreibt, in der Regierungszeit Amenophis' III. entstand. Bemerkenswert ist die Stiftung von vielen hundert Statuen der Mut-Sachmet, einer Göttin mit menschlichem Körper und Löwenkopf: Diese Großplastiken wurden unter anderem im Bezirk des Mut-Tempels von Karnak aufgestellt, wo noch heute viele in situ zu finden sind. Auch ist eine Hinwendung zum Tierkult zu beobachten: So fiel die Eröffnung des sog. Serapeums in Sakkara in die Ära Amenophis' III., wo von nun an die heiligen Apisstiere von Memphis feierlich beigesetzt wurden. Erhalten hat sich auch ein Tiersarkophag, den der Kronprinz Thutmosis einer verstorbenen Katze gestiftet hat. Der Tod dieses Prinzen, der schon als Hoherpriester in Memphis wirkte, erfolgte im 30. Regierungsjahr seines Vaters. Seinem jüngeren Bruder Amenophis fiel nun die Aufgabe zu, in die Thronfolge einzutreten.

Seine späten Lebensjahre verbrachte Amenophis III. meist in seinem Palast von El-Molgata auf der thebanischen Westseite. In seinem 30., 34. und 37. Regierungsjahr feierte er seine

Regierungsjubiläen (Sedfeste), welche dazu bestimmt waren, die schwindende Kraft eines alternden Königs rituell zu erneuern. Nach längerer Krankheit starb Amenophis III. im Jahre 1351. Der tote Herrscher wurde nicht im Tal der Könige direkt, sondern im sogenannten Westtal beigesetzt.

Literatur

Eine **Monographie über Amenophis III.** schrieb J. Fletcher, Sonnenkönig vom Nil. Amenophis III. Die persönliche Chronik eines Pharaos, München 2000 (deutsche Ausgabe). Auch gibt L. M. Berman im Ausstellungskatalog „Egypt's Dazzling Sun" Amenhotep III and his World. Cleveland Museum of Art 1992, S. 33–66, einen wichtigen Überblick über das Leben und Wirken des Königs. H. Goedicke, Problems concerning Amenophis III, Baltimor 1992. Hervorzuheben ist besonders die Publikation: D. O'Connor – E. H. Cline, Amenhotep III: Perspectives on His Reign, Ann Arbor 1998. Die historischen Texte der Zeit sind gesammelt bei W. Helck, Urkunden der 18. Dynastie, Abteilung IV, Heft 21 und 22, Berlin 1958. Dazu E. Hornung, in: LÄ I, Stichwort „Amenophis III.", Sp. 206–210 (mit reichen Literaturhinweisen) und E. Riefstahl, Thebes in the time of Amunhotep III, Oklahoma 1964. Dazu: Schneider, LP, Stichwort „Amenhotep III", S. 87–95 und B. M. Bryan, in: OEAE I, Stichwort „Amenhotpe III", S. 72–74.

Die **Mumie CG 61074** (Reeves, Äg. 103) aus dem Grab Amenophis' II. (KV 35) kann nicht länger mit Amenophis III. identifiziert werden, sondern sie ist nach der Dresdener DNS-Analyse dem späteren König Aja zuzuordnen (s. H. A. Schlögl, Nofretete. Die Wahrheit über die schöne Königin, München 2012, S. 108). Elizabeth Thomas, Erik Hornung, Peter Clayton, Thomas Schneider, Edward F. Wente und John Harris bezweifelten schon lange eine Zuschreibung der Mumie an Amenophis III. (s. auch „Die späten Jahre").

Die **Außenpolitik** des Königs wird behandelt bei: W. C. Hayes, International Affairs from Thuthmosis I. to the Death of Amenophis III., The Cambridge Ancient History II, Heft 10, Cambridge 1962 und W. Helck, Die Beziehungen Ägyptens zu Vorderasien im 3. und 2. Jahrtausend v. Chr., Wiesbaden 1972². Weiter auch ders., in: LÄ II, Stichwort „Hethiter und Ägypter", Sp. 1176–1178 und D. B. Redford, in: LÄ IV, Stichwort „Mitanni", Sp. 149–152. Wichtig für die auswärtigen Beziehungen auch: E. Edel, Die Ortsnamenlisten aus dem Totentempel Amenophis' III., Bonn 1966, und Z. Topozada, Les deux campagnes d'Amenhotep III en

Nubie, in: BIFAO 88, 1988, S. 153–165 sowie I. Shaw, Egyptian Warfare and Weapons (Shire Egyptology), Buckinghamshire 1991; A. J. Spalinger, War in Ancient Egypt. The New Kingdom, Oxford 2005.

Zur **königlichen Familie**: W. C. Hayes, Minor Art and Family History in the Reign of Amun-hotpe III, in: Bulletin of the Metropolitan Museum of Art in New York VI, 1947–1948, 272–279 und L. M. Berman, op. cit., S. 41–44.

Zu den **Schwiegereltern des Königs**: Th. M. Davis – G. Maspero – P. E. Newberry, The Tomb of Iouiya and Touiyou, London 1907 und J. E. Quibell, Tomb of Juaa and Thuiu (Cat. General), Kairo 1908. Das Ehepaar hat neben der Teje noch eine weitere Tochter, die Taemwadjesi (Porter-Moss I, Part 2, S. 564; Grimm-Schoske, S. 41) heißt, und einen Sohn mit Namen Aanen. Dieser Aanen ist eine der führenden Priesterpersönlichkeiten der Zeit: Vgl. W. Helck, in LÄ I, Stichwort „Anen", Sp. 270 sowie M. I. Moursi, Die Hohenpriester des Sonnengottes von der Frühzeit Ägyptens bis zum Ende des Neuen Reiches, Berlin 1972, S. 85–86 und 156–158. Sein Grab liegt in Theben West (TT 120): L. Pinch Brock, Jewels in the Gebel: A Preliminary Report on the Tomb of Anen, in: JARCE 36, 1999, S. 71–85. Eine Totenfigur hat sich erhalten: F. J. E. Boddens-Hosang, The shabti of Anen in The Hague, in: JEA 76, 1990, S. 178–179.

Wichtige Informationen zur **Königsfamilie**: R. Gundlach, in: LÄ IV, Stichwort „Mutemwia", Sp. 251–252, und zur „Großen Königsgemahlin" Teje finden sich bei Tyldesley, Queens 115–124 sowie bei W. C. Hayes, Inscriptions from the Palace of Amunhotep III, in: JNES 10, 1951, 53–60, 82–104, 156–183, 231–242; A. Dodson, Crown Prince Djhutmose and the Royal Sons of the Eighteens Dynasty, in: JEA 76, 1990, 87–96. Dazu D. Wildung, Le frère aîné d'Ekhnaton. Réflexions sur un décès prématuré, in: BSFE 142, 1998, S. 10–18.

Fünf **Töchter** sind dokumentiert: Satamun, Isis, Henutaneb, Nebetiah und Baketaton. Vgl. Dodson / Hilton, S. 142–146. Die Tochterheirat behandeln: B. van de Walle, La princesse Isis, fille et épouse d'Amenophis III, in: CdE 43, 1968, 36–54 und W. Helck, in: CdE 44, 1969, 22–25. Das Problem der Tochterehe untersucht allgemein R. Middleton, Brother – Sister and Father – Daughter Marriage in Ancient Egypt, in: American Sociological Review 27, 1962, 603 ff. Heute nimmt man nicht an, daß hier Inzestbeziehungen bestanden, sondern die Ernennungen zu „Großen Königsgemahlinnen" erfolgten aus politischen und repräsentativen Überlegungen.

Amenophis, Sohn des Hapu, und die führenden Beamten: A. Varille, Inscriptions concernant l'architecte Amenhotep, fils de Hapou, Kairo 1968.

Zum Fortleben: D. Wildung, Imhotep und Amenhotep. Gottwerdung im alten Ägypten, Münchner Ägyptologische Studien 36, Berlin 1977. Für die Beamten der Zeit findet sich wichtiges Material bei W. Helck, Der Einfluß der Militärführer in der ägyptischen 18. Dynastie, Berlin 1939 und bei H. Kees, Das Priestertum im ägyptischen Staat, Leiden/Köln 1953 sowie bei W. Helck, Zur Verwaltung des Mittleren und Neuen Reiches, Leiden/Köln 1958; B. Gessler-Löhr, Zur Datierung einiger königlicher Truchsesse unter Amenophis III., in: Festschrift für Jürgen von Beckerath (Hildesheimer Ägyptologische Beiträge 30), Hildesheim 1990, 53–73. Dazu: C. A. P. Vandersleyen, in: OEAE I, Stichwort „Amenhotep, Son of Hapu", S. 70.

Vier **Vezire** sind unter seiner Regierung bekannt: Ptahmose und Ramose sowie Amenhotep und Aper-El. Über diese und die wichtigsten Beamten des Staates und ihre Funktionen: L. M. Berman, op. cit., S. 44–56 (mit weiteren Literaturhinweisen) und A. Zivie, Découverte à SAQQARAH. Le vizir oublié, Paris 1990.

Alle Editionen der **Gedenkskarabäen** (auch moderne Fälschungen) sind behandelt bei C. Blankenberg-van Delden, The large commemorative scarabs of Amenhotep III, Leiden 1969 und L. M. Berman, op. cit., 67–72.

Zur **Bautätigkeit** des Herrschers: Der Luxor-Tempel (Porter-Moss II, S. 301–339); als Hauptliteratur dazu gelten: G. Daressy, Notice explicative des ruines du temple de Luxor, Kairo 1893; L. Borchardt, Zur Geschichte des Luqsortempels, in: ZÄS 34, 1896, 122–138; A. J. Gayet, Le temple de Louxor, Paris 1894; J. Vandier, Manuel d'Archéologie, Bd. II, Paris 1955, S. 843–852; H. Brunner, Die südlichen Räume des Tempels von Luxor, Archäologische Veröffentlichungen 18, Mainz 1977 und B. M. Bryan, Designing the Cosmos: Temples and Temple Decoration, in: Ausstellungskatalog „Egypt's Dazzling Sun", op. cit., S. 73–120. Dazu: Arnold, BK, S. 142–143 und Wilkinson, TAE, S. 166–171.

Zum **Totentempel** des Königs (Porter-Moss II, S. 449–454) und den Memnonskolossen: G. Haeny, Untersuchungen im Totentempel Amenophis' III., Beiträge zur ägyptischen Bauforschung und Altertumskunde 11, Wiesbaden 1981. Arnold, BK, 157–158 und Wilkinson, TAE, 188–189. Dazu: H. Sourouzian, Die Arbeiten am Tempel Amenophis' III. am Kom el-Hettan, in: Sokar 11, Berlin 2005, S. 67 und dies., Neues von den Ausgrabungen am Kom el-Hettan, dem Totentempel Amenophis' III., in: Sokar 15, Berlin 2007, S. 89–95.

Der **Palast** auf der thebanischen Westseite (Porter-Moss I, Part 2, S. 778 ff.) ist ausführlich behandelt bei W. St. Smith, The Art and Architecture of Ancient Egypt, Harmondsworth 1965², S. 156 ff. Arnold, BK, S. 145.

Zwei **nubische Tempel** in Soleb und in Sedeinga sind bedeutsam. In Soleb (Porter-Moss VII, S. 169–172) ließ er seinem eigenen Abbild und in Sedeinga (Porter-Moss VII, S. 166–167) dem seiner königlichen Gemahlin kultische Verehrung zuteil werden. Zum Tempel von Soleb: M. Schiff Giorgini u. a., Soleb, bisher 2 Bde., Florenz 1965 und 1971 sowie J. Leclant, in: LÄ V, Stichwort „Soleb", Sp. 1076 ff.; zu Sedeinga: Ders., in: LÄ V, Stichwort „Sedeinga", Sp. 780 ff. und Wilkinson, TAE, 230–232.

Den großen **Amuntempel von Karnak** ließ der König wesentlich erweitern, vor allem durch die Errichtung des 3. Pylons (Porter-Moss II, S. 59–61). R. A. Schwaller de Lubicz, The Temples of Karnak, London 1999, Plate 96–99.

Sein **Felsgrab** (Porter-Moss I, Part 2, S. 547–550) ist behandelt bei: A. Piankoff – E. Hornung, Das Grab Amenophis' III. im Westtal der Könige, in: MDIK 17, 1961, 111–127; J. Kondo, A Preliminary Report on the Re-clearence of the Tomb of Amenophis III, in: C. N. Reeves (Hrsg.), After Tut'ankhamun, Research and Excavation in the Royal Necropolis at Thebes, London 1992, S. 41–54.

Weitere Bautätigkeit läßt sich u. a. in Lepidotonpolis, Athribis, Abydos, Elkab und Elephantine nachweisen (dazu die entsprechenden Bände von Porter-Moss).

Zur **religiösen Ausgangslage**: W. Wolf, Vorläufer der Reformation Echnatons, in: ZÄS 59, 1924, 109–119; G. Fecht, Zur Frühform der Amarna-Theologie. Neubearbeitung der Stele der Architekten Suti und Hor, in: ZÄS 94, 1967, 25–50; L. Kakosy, Die weltanschauliche Krise des Neuen Reiches, in: ZÄS 100, 1973, 35–41; E. Hornung, in: O. Keel (Hrsg.), Monotheismus im Alten Israel und seiner Umwelt, Biblische Beiträge 14, Freiburg (Schweiz) 1980, S. 89–94; J. Assmann, State and Religion in the New Kingdom, in: W. K. Simpson (Hrsg.), Religion and Philosophy in Ancient Egypt (Yale Egyptological Studies 3, New Haven 1989, S. 89–101 und ders., Re und Amun. Die Krise des polytheistischen Weltbilds im Ägypten der 18.–20. Dynastie, Freiburg (Schweiz) 1983. E. Hornung, Geist der Pharaonenzeit, Zürich / München 1989.

Zum **Tierkult**: E. Hornung, Die Bedeutung des Tieres im Alten Ägypten, in: Studium Generale 20, 1967, 74–76 (mit weiteren Literaturhinweisen); D. Wildung, Tierbilder und Tierzeichen im Alten Ägypten, Berlin 2011. Der Katzensarkophag des Kronprinzen Thutmosis ist veröffentlicht von L. Borchardt, in: ZÄS 44, 1907, 97 und gut abgebildet im Ausstellungskatalog „Götter-Pharaonen", Mainz 1978, Nr. 28.

Zur Literaturgattung der **Unterweltsbücher**: E. Hornung, Die Unterweltsbücher der Ägypter, Zürich / München 1992 (in diesem Band werden sämtliche Unterweltsbücher in deutscher Übersetzung vorgelegt).

Die **Regierungsjubiläen** (Sedfeste) des Herrschers sind behandelt bei E. Hornung – E. Staehelin, Studien zum Sedfest, Aegyptiaca Helvetica 1, Genf 1974, S. 68 ff. und bei L.M. Berman, op. cit., S. 38–41. Wichtig ist hier die aktuelle Neubearbeitung: E. Hornung – E. Staehelin, Neue Studien zum Sedfest, Aegyptiaca Helvetica 20, Basel 2006, S. 25 ff.
Einen Überblick über das **Kunstschaffen dieser Epoche** geben u. a. folgende ausgewählte Werke: W. Wolf, Die Kunst Ägyptens, Gestalt und Geschichte, Stuttgart 1957, S. 438 ff.; W.C. Hayes, The Scepter of Egypt, Bd. 2, New York 1959, S. 231–279 und S. 444 ff. (mit weiteren Literaturhinweisen); C. Aldred, New Kingdom Art in Ancient Egypt during the Eighteenth Dynasty, 1590–1314 B.C., London 1961[2], S. 22 ff.; I. Woldering, Götter und Pharaonen, Fribourg 1967, S. 140 ff.; K. Michalowski, Ägypten, Kunst und Kultur, Freiburg / Basel / Wien 1969, S. 209 ff. (deutsche Ausgabe); C. Vandersleyen (Hrsg.), Das Alte Ägypten, Propyläen Kunstgeschichte, Bd. 15, Berlin 1975, S. 50 ff.; J. Yoyotte, Die Kunstschätze der Pharaonen, Genf 1968, S. 82 ff. (deutsche Ausgabe); J. Leclant (Hrsg.), Ägypten, Bd. II, Das Großreich, München 1981, S. 163 ff. (deutsche Ausgabe); M. Müller, Die Kunst Amenophis' III. und Echnatons, Basel 1988; L.M. Berman (Hrsg.), The Art of Amenhotep III, Cleveland 1990 (Berichte eines internationalen Symposions, abgehalten in Cleveland, Ohio, am 20.–21. November 1987).
Von besonderem Interesse ist der **Ausstellungskatalog** „Egypt's Dazzling Sun", Amenhotep III and his World. Cleveland Museum of Art 1992 verfaßt von A.P. Kozloff, B.M. Bryan, L.M. Berman und E. Delange. Der Katalog stellt ausführlich 143 Kunstwerke vor. Die Ausstellung wurde auch im Kimbell Art Museum, Forth Worth und im Grand Palais, Paris gezeigt.
Zur **Königin Teje**: B. Schmitz, in: LÄ VI, Stichwort „Teje A", Sp. 305 f. M. Eaton-Krauss, in: OEAE III, Stichwort „Tiye", S. 411.
Speziell zu den **Großplastiken der Göttin Mut-Sachmet** (Porter-Moss II, S. 262–268) und zu ihrer Aufstellung J. Yoyotte, in: BSFE 87 / 88, 1980, 46–75; R.H. Wilkinson, The Complete Gods and Goddesses of Ancient Egypt, Kairo 2003, 153–156.

Der Regierungsantritt Amenophis' IV.

Wir kennen weder das Geburtsjahr von Amenophis IV., noch wissen wir, ob er – wie andere Kronprinzen des Neuen Reiches – eine militärische Ausbildung erhielt. Allerdings fällt auf, daß er während seiner achtjährigen Kronprinzenzeit weder in Texten noch in Bildern in Erscheinung trat. Sein Name wird nur einmal in einem Siegelabdruck genannt: „Domäne des wirklichen Königssohns Amenophis", sonst fehlen jegliche Hinweise auf ihn. Das Rätsel, wie der Prinz Amenophis in die besondere Verbindung zur religiösen Lehre von Re und den Sonnengöttern kam, zeigt wohl folgender Umstand auf: In der Zeit Amenophis' III. begann eine Gruppe von Priestern im theologischen Nachdenken über den Begriff „Sonnengott" sich von der traditionellen Religion zu lösen. Man versuchte sich einen überragenden, weltumspannenden, einzigartigen Gott vorzustellen, so daß das polytheistische Weltbild Risse bekam. Allerdings waren die Theologen weit davon entfernt, die übrigen Götter auszuklammern oder zu vernachlässigen. Einer der bedeutendsten dieser Theologen war Aanen, der Schwager Amenophis' III. und Onkel des Prinzen Amenophis. Er traf diesen Mann wohl täglich im

Palast, denn Aanen war als 2. Amunsprophet gleichsam ein Finanzminister des Landes und hatte jeder Zeit Zutritt zum König. Die religiösen Lehren von Re und Aton konnte der junge Prinz so direkt von diesem religiösen Denker erhalten haben.

In der älteren Literatur wurde dem Kronprinzen auch eine Darstellung im Tempel von Soleb zugewiesen, die aber in Wirklichkeit den hohen Beamten Amenophis, Sohn des Hapu, meint.

Obwohl wir kaum etwas über die Thronfolgerzeit Amenophis' IV. aussagen können, dürfen wir doch vermuten, daß er schon vor seiner Krönung mit Nofretete verheiratet war. In Tempelreliefs nämlich, die in den ersten fünf Regierungsjahren entstanden sind, wird das königliche Paar bereits zusammen mit seinen drei ältesten Töchtern dargestellt. Die Herkunft der „Großen Königsgemahlin" ist heute durch die moderne Humangenetik bekannt. Früher hat man oft versucht, sie mit der Mitanniprinzessin Taduchepa gleichzusetzen, die noch von Amenophis III. in den Harim aufgenommen worden war. Eine Spekulation, die allein auf der Übersetzung ihres Namens Nofretete mit „Die Schöne ist gekommen" beruht. Die bessere Übersetzung lautet: „Die Liebliche ist zurückgekommen". Am Ende der 18. und in der 19. Dynastie war Nofretete ein häufiger und beliebter Frauenname gewesen. Daß Nofretete aber eine Ägypterin war, läßt sich schon aus den Primärquellen sicher belegen: Die Königin hatte eine Schwester namens Mutnedjemet (Mutbeneret), die am Hofe eine nicht unwesentliche Stellung einnahm, und darüber hinaus eine ägyptische Amme, nämlich Teje (um eine Verwechslung mit Gemahlin Amenophis' III. zu vermeiden, soll sie hier „Teje – Tjj" genannt werden), die Gattin des „königlichen Sekretärs" und „Gottesvaters" Aja. In der ägyptologischen Literatur wird er zwar oft als „Eje" bezeichnet, doch lautet die exakte Vokali-

sation nach den Keilschrifttexten „Aja". Heute wissen wir durch die Dresdener DNS-Analyse, daß Aja der Vater der Nofretete war und „Teje – Tjj" nicht nur die Amme, sondern auch die Mutter. Aja trägt auch eine sehr ähnliche Titelfolge wie der königliche Schwiegervater Juja, der Vater der Königin Teje, deren Schwester Taemwadjesi Aja geheiratet hatte. Taemwadjesi nimmt später als „schönen Namen" den ihrer königlichen Schwester Teje (hier: Teje – Tjj) an.
Vermutlich fand die Krönung von Amenophis IV. in Theben statt; dort verbrachte der Herrscher auch die ersten Jahre seiner Regierung. Interessant ist die Namenstitulatur, die der neue Monarch für sich wählte. Seit alter Zeit nämlich führen die ägyptischen Könige fünf verschiedene Namen, die – bis auf den Geburtsnamen – jeweils zu Beginn einer Herrschaft angenommen werden und die eine Art Regierungsprogramm vermitteln. Die Namen, die Amenophis IV. für sich wählte, sind denen seines Vaters ähnlich und lassen nichts von den kommenden Ereignissen ahnen. Man kann deshalb annehmen, daß sich der Regierungswechsel in konventionellen Bahnen vollzogen hat.
Da der König im Verlauf seiner Reformation seine Titulatur änderte (ein höchst sensationeller Vorgang!), sollen hier zunächst seine beim Regierungsantritt gewählten Namen in der klassischen Reihenfolge vorgestellt werden:
An der Spitze der königlichen Titulatur steht der Horusname. Er bezeichnet den König als Verkörperung des Horusfalken. Dieser Name lautet bei Amenophis IV. „Starker Stier, mit der hohen Doppelfeder". An zweiter Stelle folgt der Nebti-Name. Mit Nebti (= Die Beiden Herrinnen) sind die ober- und unterägyptischen Kronengöttinnen Nechbet und Uto gemeint, welche den König und seinen Namen schützen. Dieser Name heißt bei Amenophis IV. „Mit großem Königtum in Karnak". Er spielt wohl darauf an, daß der Herrscher den Tempel von Karnak als Schwerpunkt seines Bauprogramms

betrachtete. An dritter Stelle folgt der sogenannte „Goldname", (die genaue Bedeutung dieser Benennung ist nicht gesichert). Vielleicht setzt sich der König mit der Sonne gleich, die auch in Falkengestalt über den Himmel zieht: „Der die Kronen erhebt in Theben" lautet er in der Titulatur Amenophis' IV. An vierter Stelle steht der Nesut-Biti (= König von Ober- und Unterägypten)-Name; dieser wird in einen Königsring (Kartusche) eingeschrieben. Amenophis IV. nennt sich hier „Mit vollkommenen Gestalten, ein Re, Einziger des Re". Den Abschluß bildet der Geburtsname, der wie der vorhergehende Name in einen Königsring eingeschlossen wird und den man als „Sohn des Re-Name" bezeichnet. Der König wählte neben seinem Geburtsnamen „Amenophis" noch den Zusatz „Gott-Herrscher von Theben".

Literatur

Monographien über Echnaton: A. Weigall, Echnaton, König von Ägypten und seine Zeit, Basel 1923 (deutsche Ausgabe). Das Buch erschien bereits 1910 unter dem Originaltitel The Life and Times of Akhnaton. L.G. Leeuwenburg, Echnaton (Culturhistorische Monographieen 5), Den Haag 1946; K. Lange, König Echnaton und die Amarna-Zeit. Die Geschichte eines Gottkünders, München 1951; F.G. Bratton, The first Heretic. The life and times of Ikhnaton the King, Boston 1961; E. Bille-De Mot, Die Revolution des Pharao Echnaton, München 1965 (deutsche Ausgabe); J.J. Perepelkin, Perevarot Amen-Chotpa IV. (Der Umsturz Amenophis' IV.) Teil 1, Moskau 1967, Teil 2, Moskau 1984, vgl. dazu: E. S. Bogoslovskij, in Göttinger Miszellen 61, 1983, 53–63 und 93, 1986, 85–93; C. Aldred, Echnaton, Gott und Pharao Ägyptens, Bergisch-Gladbach 1968 (deutsche Ausgabe). Ders., Akhenaten, King of Egypt, London 1988 (Neuausgabe); F. Giles, Ikhnaton, Legend and History, London 1970; Chr. Jacq, Akhenaton et Nefertiti. Le couple solaire, Paris 1976; D.B. Redford, Akhenaten, The Heretic King, Princeton 1984; F. Cimmino, Akhenaton e Nefertiti, Mailand 1987; A.P. Thomas; Akhenaten's Egypt (Shire Egyptology), London 1988; H.A. Schlögl, Echnaton (rororo bildmonographie 350), Reinbek 2004 (Neuauflage mit Ergänzungen). Die Kluft der verschiedenen Auffassungen und Deutungen vom Wirken des Königs macht M. Eaton-Krauss in ihrer Rezension der Monographien

von D. B. Redford und C. Aldred deutlich: Akhenaten versus Akhenaten, Bibliotheca Orientalis 42, 1990, S. 541–559; E. Hornung, Echnaton. Die Religion des Lichts, Zürich 1995; M. Gabolde, D'Akhenaton à Toutankhamon, Lyon 1998; B. Watterson, Amarna. Ancient Egypt's Age of Revolution, Stroud/Charleston 1999; D. Monserrat, Akhenaten. History, Fantasy and Ancient Egypt, London 2000; N. Reeves, Egypt's False Prophet AKHENATEN, London 2001 (deutsche Ausgabe: Echnaton. Ägyptens falscher Prophet, Mainz 2002); F. Giles, The Amarna Age: Egypt, Warminster 2001; T.–L. Bergerot (Hrsg.), Akhénaton et l'époque amarnienne, Paris 2005; H. A. Schlögl, Echnaton, München 2008.
Kurze Überblicke über das Leben und Wirken Echnatons: St. Wenig, in: LÄ I, Stichwort, „Amenophis IV.", Sp. 210–219; C. Traunecker, in: Ägypten. Geschichte – Kunst – Mensch, Zürich 1986 (deutsche Ausgabe. Buchclub Ex Libris), 159–187 (Echnaton und seine Legende); Schneider, LP, Stichwort „Amenhotep IV", S. 95–102; M. Eaton-Krauss, in: OEAE I, Stichwort „Akhenaten", S. 48–51.
Den **Siegelabdruck** mit dem Namen des **Kronprinzen Amenophis** hat W. C. Hayes, in: JNES 10, 1951, 159 mit Fig. 27, Typ KK publiziert. Die irrtümliche Behauptung, der Kronprinz sei auch im Tempel von Soleb dargestellt, geht auf J. H. Breasted, in: American Journal of Semitic Languages and Literatures 25, 1908, 90 ff. zurück.
Zur **Königin Nofretete**: Die früher häufig vertretene Ansicht, Nofretete sei eine mitannische Prinzessin (so z. B. E. Bille-De Mot, op. cit., S. 40 f.), wurde von W. Helck, in: CdE 48, 1973, 251–253 entschieden abgelehnt. K. C. Seele hat in: JNES 14, 1955, 170 die unbeweisbare Vermutung geäußert, Nofretete sei eine Tochter Amenophis' III. Dagegen: C. Aldred, op. cit., S. 100 und Tyldesley, Queens, 125–134.
Monographien: J. Samson, Nefertiti and Cleopatra. Queen-Monarchs of Ancient Egypt, London 1985; J. Tyldesley, Nefertiti. Unlocking the Mystery surrounding Egypt's most famous and beautiful Queen, London 1998. C. Wedel, Nofretete und das Geheimnis von Amarna, Mainz 2005. Die Abstammung der Königin ist heute durch die Dresdener DNS-Analyse gesichert: H. A. Schlögl, Nofretete. Die Wahrheit über die schöne Königin, München 2012. Zum Streit über die am 6. Dezember 1912 in Tell el-Amarna gefundene Büste der Königin: B. Savoy, Nofretete. Eine deutsch-französische Affäre 1912–1931, Köln/Weimar/Wien 2011. D. Wildung, Die vielen Gesichter der Nofretete, Hatje Canitz-Verlag, Ostfildern, 2012.
Den **„Gottesvater" Aja** sieht Aldred als den Vater von Nofretete an (JEA 43, 1957, 30–41). Diese Meinung wird heute allgemein vertreten (z. B. W. Wolf, Das alte Ägypten (dtv-Monographien zur Weltgeschich-

te), München 1971, S. 127 oder J. v. Beckerath, in: LÄ I, Stichwort „Eje", Sp. 1211). Dazu auch: L. Borchardt, Der ägyptische Titel „Vater des Gottes" als Bezeichnung für „Vater oder Schwiegervater des Königs", in: Ber. d. kgl. sächs. Gesellsch. d. Wiss. zu Leipzig, Phil.–hist. Kl., Bd. 57, Leipzig 1905; S. Vinson, in: OEAE I, Stichwort „Ay", S. 160. Dodson/Hilton, S. 150–155. Durch die DNS-Analyse ist die Vaterschaft Aja's heute erwiesen: S. „Die späten Jahre".

Auf **Mutbeneret (Mutnedjemet)** als Schwester von Nofretete hat zuerst W. Helck, in: CdE 48, 1973, 252, Anm. 1 hingewiesen. Dazu auch R. Krauss, Das Ende der Amarnazeit (Hildesheimer Ägyptologische Beiträge 7), Hildesheim 1981², S. 17 und ders., in: Tutanchamun (Ausstellungskatalog), Mainz 1980, S. 32f. R. Hari, Haremheb et la Reine Moutnedjemet ou la Fin d'une Dynastie, Genf 1965, sieht in ihr auch die spätere Königin und Gemahlin von König Haremhab; Tyldesley, Queens, 140.

„**Teje – Tjj" als Amme** der Nofretete ist inschriftlich belegt im Grab des Aja in Amarna (N. d. G. Davies, The Rock Tombs of El-Amarna, Bd. 6, London 1906, Taf. 24 und M. Sandman, Texts from the Time of Akhenaten, Brüssel 1938, S. 88, Z. 7); Tyldesley, Queens, 139f.

Quellentexte zur Titulatur des Königs bei der Thronbesteigung: W. Helck, Urkunden der 18. Dynastie, Abteilung IV, Heft 22, Berlin 1958, S. 1962, Z. 8–11 (Stele von Gebel Silsileh) und S. 1964, Z. 1–5 (Stele aus Zemik).

Zur **Bibliographie der Amarnazeit** vgl. auch die Angaben von E. K. Werner, in: Newsletter, American-Research-Center in Egypt, New York (zum ersten Mal in Heft 95) und vor allem G. T. Martin, A Bibliography of the Amarna Period and its Aftermath. The Reigns of Akhenaten, Semenkhkare, Tutankhamun and Ay (c. 1350– 1321 BC), London 1991. G. T. Martin führt 2013 Veröffentlichungen auf, wobei er fast alles bisher Erschienene, seien es Buch- oder Zeitschriftenpublikationen, erfaßt hat. Die am 7. Februar 1991 herausgekommene Bibliographie ist für jeden, der sich mit der Amarnazeit beschäftigt, ein wichtiges und hilfreiches Instrument. Die Liste enthält aber nicht nur wissenschaftliche Literatur, sondern auch Romane, Novellen und dramatische Dichtungen.

Das Problem
der Mitregentschaft Amenophis' IV.
mit seinem Vater Amenophis III.

Unter einer Mitregentschaft hat man sich den Zustand vorzustellen, daß ein schon älterer König einen jüngeren Partner – in der Regel seinen Sohn und Erben – an der Regierungsverantwortung teilnehmen läßt. Dieser Brauch ist seit der Epoche des Mittleren Reiches (2020–1793 v. Chr.) mehrfach belegt: So hat z. B. König Sesostris I. zusammen mit seinem Vater Amenemhat I. zehn Jahre die Herrschaft gemeinsam ausgeübt. Nur gelegentlich aber haben die Ägypter eine solche Regierungsphase doppelt datiert, so daß wir oftmals keine sicheren Anhaltspunkte dafür besitzen, ob bei dem einen oder anderen König eine Mitregentschaft tatsächlich stattgefunden hat.

In manchen Publikationen wird nun die Ansicht vertreten, Amenophis IV. habe als Partner mit seinem alternden Vater einige Jahre (maximal zwölf Jahre) gemeinsam die Herrschaft ausgeübt. Geht man von dieser Annahme aus, so hat Amenophis III. einen wesentlichen Anteil an der religiösen Revolu-

tion seines Sohnes. Die Größe dieses Anteils stünde in Relation zu der jeweils angenommenen Dauer der Mitregentschaft. Aber auch die oftmals geäußerte Ansicht, König Tutanchamun sei ein Sohn Amenophis' III., ist indirekt mit diesem Problem verknüpft (s. Kapitel „Tutanchaton/Tutanchamun und das Ende der Residenz in Achetaton").
Die Annahme einer Mitregentschaft wurde besonders dadurch ausgelöst, daß die Ausgräber von Tell el-Amarna (= Achetaton, die spätere Residenz Echnatons) auf Gegenstände stießen, die mit dem Namen von Amenophis III. versehen waren. Der englische Archäologe Pendlebury schloß deshalb auf eine gemeinsame Herrschaft der beiden Könige und errechnete dafür elf Jahre. Nach dem frühen Tod von Pendlebury hat H. Fairman alle Indizien zusammengetragen, welche die Theorie einer Mitregentschaft beweisen sollten. Dieses Indizienmaterial haben W. Helck und E. Hornung Punkt für Punkt entkräftet und gewichtige Gründe gegen eine Doppelregentschaft vorgebracht. So zeigen etwa die thebanischen Gräber des Cheriuf und des Parennefer, zweier hoher Beamter aus der Regierungszeit Amenophis' III., daß die ersten Regierungsjahre Amenophis' IV. auf die letzten seines Vaters folgten und nicht parallel mit ihnen verliefen. Im Cheriufgrab wird das 37. Regierungsjahr Amenophis' III. genannt und der Herrscher in einem Beitext als „geliebt von Sokar (dem Totengott)" bezeichnet, also wohl als Verstorbener erklärt, während an anderer Stelle im gleichen Grab Amenophis IV. zusammen mit seiner Mutter Teje vor verschiedenen Gottheiten dargestellt erscheint.
Auch die sog. Amarna-Briefe, die uns über die außenpolitischen Aktivitäten der Zeit Amenophis' III. und seines Nachfolgers in Vorderasien unterrichten, erwähnen zu keiner Zeit einen Mitregenten, was man aber erwarten dürfte, wenn ein solches Doppelkönigtum bestanden hätte (s. auch Kapitel „Außenpolitik in Asien und Afrika"). Heute sind die Histo-

riker von einer Mitregentschaft der beiden genannten Könige vollständig abgerückt. Vgl. E. Hornung – R. Krauss – D. A. Warburton (Hrsg.), Ancient Egyptian Chronology. Handbook of Oriental Studies. Section 1: The Near and Middle East, Leiden / Köln 2006.

Literatur

Zur **Mitregentschaft allgemein**: W. J. Murnane, Ancient Egyptian Coregencies, Chicago 1977 und W. Helck, in: LÄ IV., Stichwort „Mitregentschaft", Sp. 155–161.
Zur **Mitregentschaft Amenophis' IV.**: St. Wenig gibt in LÄ I, Stichwort „Amenophis IV.", Sp. 211, eine kurze Liste der Gegner und Befürworter einer Mitregentschaft. Diese Theorie wurde erstmals geäußert von F. Petrie, A History of Egypt, Bd. 2, London 1899³, S. 207–209. Gestützt auf eine Gleichung Taduchepa = Nofretete und auf eine Regierungsdauer von 30 Jahren für Amenophis III. bei dem antiken Schriftsteller Flavius Josephus, rechnete er mit einer 4–5jährigen Doppelherrschaft. Eine 10jährige Dauer erwog N. d. G. Davies, The Rock Tombs of El-Amarna, Bd. 3, London 1905, S. 16 und ebenso H. Carter, The Tomb of Tut. Ankh. Amen, Bd. 3, London 1933, S. 2f. (deutsche Ausgabe: Tutanchamun. Ein ägyptisches Königsgrab, Leipzig 1934). Dagegen: A. Scharff, in: Archiv für Orientforschung 10, 1935, 87f. Wenig später vertraten J. Pendlebury, in: City of Akhenaten, Bd. 2, London 1933, S. 102, 104, 108 und L. Borchardt, Allerhand Kleinigkeiten, meinen wissenschaftlichen Freunden und Bekannten zu meinem 70. Geburtstag am 5. Oktober 1933 überreicht. Privatdruck 1933, S. 23–29 sowie R. Engelbach, in: ASAE 40, 1940, 134f., 137 und G. Steindorff – C. K. Seele, When Egypt ruled the East, Chicago 1942, S. 201, 275 die Ansicht einer 9–12jährigen Mitregentschaft. Alle Argumente dafür sind zusammengefaßt bei: H. W. Fairman, in: City of Akhenaten, Bd. III, London 1951, S. 152–157.
Ausführliche Zurückweisung durch W. Helck, in: Mitteilungen des Instituts für Orientforschung 2, 1954, 196–202 und durch E. Hornung, Untersuchungen zur Chronologie und Geschichte des Neuen Reiches, Wiesbaden 1964, S. 71–78.
Aufgrund der Amarna-Briefe wird eine Mitregentschaft auch von E. F. Campbell, The Chronology of the Amarna Letters, Baltimore 1964, abgelehnt. Gegen Hornung und Campbell äußert sich K. A. Kitchen, in: JEA 53, 1967, 178ff. Auch C. Aldred, Echnaton, Gott und Pharao Ägyptens, Bergisch-Gladbach 1968, S. 110ff. befürwortet eine lange

Mitregentschaft. Weitere Argumente dagegen bringen W. J. Murnane, in: Serapis 2, 1970, 17–21 und J. R. Harris, in: SAK 2, 1975, 98–101 vor. Die von R. Hari, in: CdE 51, 1976, 252–260 gemachten Versuche, eine Mitregentschaft belegen zu können, wurden von J. Osing, in: Göttinger Miszellen 26, 1977, 53 und von H. G. Fischer, in: JARCE 13, 1976, 131 f. zurückgewiesen. Gegen eine längere Mitregentschaft spricht sich J. von Beckerath, in: Göttinger Miszellen 83, 1984, 11–12 aus und ders., Chronologie des pharaonischen Ägyptens, Mainz 1997, S. 110. C. Vandersleyen, in: BSFE 111, 1988, S. 9–30, befürwortet eine lange Mitregentschaft gestützt nur auf stilistische Kriterien bei Darstellungen Amenophis' III. Im Luxor-Tempel wurden Architravinschriften gefunden, in denen Tutanchamun Amenophis III. als „seinen Vater" bezeichnet. Vgl. L. D. Bell, La parenté de Toutankhamon, in: Histoire et Archéologie (Dijon) 101, Jan. 1986, 47–9,99. Diese Inschriften scheinen zunächst eine lange Mitregentschaft zu bestätigen. Doch haben sie letztlich für dieses Problem keine Aussagekraft, denn z. B. hat auch Thutmosis III. seinen Großvater Thutmosis I. mehrfach in Inschriften in Karnak als „seinen Vater" bezeichnet. Vgl. z. B.: K. Sethe, Urkunden des Ägyptischen Altertums, IV. Abteilung Bd. 3, Urkunden der 18. Dynastie, Nachdruck der 2. Auflage, Berlin und Graz 1961, 697, 5; 839, 9; 840, 4; 847, 15.

Auch die angenommenen **Sedfeste Amenophis' IV.** (C. Aldred, in: JEA 45, 1959, 24–33 und E. Uphill, JNES 22, 1963, 123–127) im 2., 6. und 9. Regierungsjahr werden als Belege für eine Mitregentschaft ins Feld geführt und mit den Sedfesten seines Vaters Amenophis' III. verbunden. Dagegen: E. Hornung – E. Staehelin, Studien zum Sedfest (Aegyptiaca Helvetica 1), Genf 1974, 71–73. Lediglich ein „thebanisches Sedfest" wird für möglich gehalten: E. Hornung – E. Staehelin, Neue Studien zum Sedfest (Aegyptiaca Helvetica 20), Basel 2006, S. 63–67.

Dazu: J. Gohary, Akhenaten's Sed-Festival at Karnak, London 1990. Die Autorin weist ein Sedfest im 2. oder 3. Regierungsjahr nach und D. B. Redford, East Karnak and the Sed-Festival of Akhenaten, in: C. Berger-El Naggar, Hommages à Jean Leclant, Bibliothèque d'Étude 106/1, Kairo 1993, S. 485–492.

Zuletzt hat F. J. Giles, The Amarna Age: Egypt, Warminster 2001 eine **lange Mitregentschaft** von Amenophis III. und Amenophis IV. angenommen, konnte aber dafür letztlich keine überzeugenden Belege vorbringen.

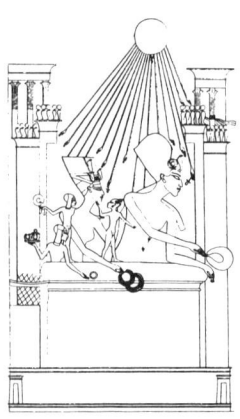

Die ersten Regierungsjahre in Theben und die Revolution des 4. Jahres

Die Veränderungen, die unter Amenophis IV. erfolgen sollten, zeigten sich nicht sofort nach seinem Amtsantritt: Zunächst ließ der König im herkömmlichen Stil weiterarbeiten, wofür wir sowohl im Amuntempel in Karnak als auch im Tempel von Soleb Zeugnisse besitzen. Die Beamten, die er von seinem Vater übernommen hatte, blieben anfänglich in ihren Positionen. Das erste Bauwerk, das Amenophis IV. in Karnak errichtete, war nicht dem Götterkönig Amun geweiht, sondern für die Erscheinungsform der Tagessonne, Re-Harachte-Aton, bestimmt. Nachdem sich schon im 1. Regierungsjahr Veränderungen in den religiösen Vorstellungen angedeutet hatten, kristallisierte sich aus der Vielzahl der ägyptischen Götter mehr und mehr eine Gestalt heraus, die wir heute mit dem Namen „Aton" bezeichnen. Dieser Begriff war zwar schon seit dem Mittleren Reich (nach 2020 v. Chr.) bekannt, bezeichnete jedoch die Sonne als Himmelskörper. Außerdem wurde „Aton" als Synonym für den kosmischen Gott Re verwendet. Unter Amenophis IV. aber erfährt der Begriff schon bald einen Bedeutungswandel. Der

König gab Aton einen langen dogmatischen Namen, wie ihn noch kein ägyptischer Gott je getragen hatte und wie ihn auch nie wieder ein Gott tragen sollte: „Es lebt Re-Harachte, der im Horizont jubelt in seinem Licht, das der Aton ist". Aton war das Licht, das die Welt durchdrang und überall Leben spendete. Er war der Herrscher der Welt, der König aller göttlichen Wesen, er benötigte keine Göttin als Partnerin und einen Feind gab es für ihn auch nicht. Der Gott offenbarte sich allein dem König. So sprach ausschließlich Amenophis IV. für ihn. Als Allherrscher erhielt Aton eine königliche Titulatur, die – wie die königlichen Namen – in zwei Kartuschen eingeschrieben wurde. Auch feierte der Gott eigene Regierungsjubiläen. Die bestehende absolutistische Königsideologie wurde in eine kultischreligiöse Sphäre übersetzt.

Dann aber begann Amenophis IV. mit dem Bau mehrerer Atontempel, die er östlich des großen Amuntempels in Karnak errichtete. Die starke Hinwendung des Königs zu der abstrakten Form des Sonnengottes, dem Aton, wurde durch diese Tempelbauten offenkundig, denn hinsichtlich ihrer ummauerten Fläche übertrafen sie alle bis dahin in Ägypten errichteten Bauten. An der religiösen Revolution, die sich hier anbahnte, scheint Königin Nofretete eng beteiligt gewesen zu sein. Sie war wohl eine der maßgeblichen Kräfte der religiösen Revolution, denn Nofretete erhielt wie ein König einen zweiten Namen, der in eine Kartusche eingeschrieben wurde. Er lautete: Neferneferuaton = „Der Vollkommenste ist Aton".

Vor dem 3. Pylon, einem Einzugstor, das noch König Amenophis III. hatte errichten lassen, entstand in dieser Zeit auf der Westseite des Amun-Tempels eine aus zwölf Pfeilern bestehende Fassade. Die Darstellungen auf diesen Pfeilern bieten eine große Überraschung: Auf allen wird ausschließlich die Königin Nofretete unter der Strahlensonne Atons dargestellt und im Beitext heißt es:

> Großer lebender Aton, der in seinen Jubiläen ist,
> Herr des Himmels und der Erde,
> Mittelpunkt von ihr, die Aton erkannt hat
> im Hause des Aton,
> die Große Königsgemahlin, die er liebt,
> die Herrin der Beiden Länder,
> Neferneferuaton-Nofretete,
> sie lebe für immer und ewig.

Der König selbst ist nirgends abgebildet und auch in den Beischriften nicht genannt.

Im 3. oder 4. Regierungsjahr trat dann unvermittelt ein neuer, völlig ungewohnter Kunststil hervor, mit dem zuerst die Ausschmückung des Atontempels erfolgte. Dieser auffällige und vollständige Bruch mit dem Stil der vorangegangenen Epoche läßt auf den ersten Blick erkennen, daß die neue Kunstrichtung durch ein Ereignis bedingt war, das nicht im künstlerischen Bereich lag. Die Veränderung betraf nicht nur das königliche Porträt, sondern die ganze Bildniswelt. Die bestehende Formenwelt wurde aufgelöst und durch eine andere ersetzt. Statuen und Reliefs des Atontempels präsentieren sich in einer extremen, vor expressionistischen Übersteigerungen und Verzerrungen nicht zurückschreckenden Manier. Bei den Sandsteinkolossen des Königs, die im Pfeilersaal des Tempels ihre Aufstellung fanden, ist die Figur des Herrschers in geradezu abstoßender Weise wiedergegeben: Das überschmale Gesicht ist durch schräg sitzende Augen, eine lange Nase und wulstig aufgeworfene Lippen gekennzeichnet. Der Kopf sitzt auf einem dünnen Hals, der gestreckte Körper ist – um die Bauchpartie ausladend – auf fette Oberschenkel postiert. Dagegen sind Arme und Unterschenkel lang und dünn gestaltet.

Einige Autoren haben in den zurückliegenden Jahrzehnten den königlichen Darstellungen, vor allem den Kolossen, eine medizinische Deutung gegeben und sie mit Krankheiten und Anomalien in Zusammenhang gebracht, an denen Amenophis IV. gelitten haben soll (s. Kapitel „Die provokative Körperdarstellung Echnatons"). Heute neigt man mehr der Ansicht zu, daß die Kolosse einst Mittel einer religiösen Propaganda waren. In den Darstellungen sieht man keine realen Abbilder des Königs, wenn auch in gewissem Umfang individuelle Züge vorhanden sein mögen. Amenophis IV. zeigte hier vielmehr seine Gottesnatur, die ihn von allen Menschen unterschied. Er präsentierte sich als Allschöpfer, als Vater und Mutter seines Volkes.

Hinter der Schöpfung des neuen Kunststils wird der religiöse Umbruch sichtbar. Zunächst wurde der Reichsgott Amun durch den Gott Aton abgelöst, wobei dieser Gott in Ikonographie und Benennung eine Neuinterpretation erfuhr. An die Stelle des falkenköpfigen Re-Harachte-Aton trat das Bild der Strahlensonne, deren Strahlenenden in menschliche Hände übergehen. Die neugeschaffenen Bildformen des Atontempels wurden bald auch bestimmend für die Dekoration der Beamtengräber. Sehr anschaulich wird dies im Grab des Vezirs Ramose in Theben-West: Der erste Abschnitt seines großen Grabes nämlich ist ganz im Stil der Epoche Amenophis' III. dekoriert, doch findet dann an der Nordwestwand der plötzliche Wandel statt: In der neuen Darstellungsweise sieht man Amenophis IV. und Nofretete an einem Fenster des Atontempels von Karnak. Über ihren Häuptern sendet Aton in Gestalt der Sonnenscheibe Strahlen mit Händen aus, die dem königlichen Paar das Lebenszeichen an die Nase halten. Unter den dargestellten Höflingen in der Umgebung des Herrschers befindet sich auch Ramose, der sich so zum neuen Kult bekennt. Dieses Bekenntnis scheint Ramose jedoch wenig genützt zu haben, denn schon bald löste Amenophis IV. die führenden Männer des Staates ab und ersetzte sie durch eine Mannschaft, von der er wohl annahm, daß er mit ihr die Umgestaltung der geistigen Landschaft Ägyptens besser weiterführen konnte.

Obwohl in dieser Zeit Aton schon an die Spitze des Pantheons gerückt war, blieben die meisten alten Götter zunächst an ihrem Platz, besonders die solaren Gottheiten Re, Harachte und Schu. Aus dem religiösen Leben verschwanden zuerst nur die Totengottheiten wie Osiris, Sokar und Tatenen. Auch trug der König weiter den Namen Amenophis, in dem ja der Name des Gottes Amun enthalten ist.

Ein Ereignis aber ist besonders bemerkenswert: Bei dem revolutionären Geschehen in Theben hielt sich der Hohepriester des Amun, Mai, fern der Hauptstadt auf, denn der König hatte ihn zum Leiter einer Expedition in die Ostwüste bestimmt, eine gewiß ungewöhnliche Aufgabe für einen Hohenpriester des Amun. Der Herrscher wollte wohl mit der Entfernung dieses hohen Würdenträgers aus der Residenzstadt eine Opposition gegen sein Handeln unmöglich machen.

Literatur

Einen **allgemeinen Überblick** über die ersten Regierungsjahre geben N.d.G. Davies, Akhenaten at Thebes, in: JEA 9, 1923, 132–152 und M. Doresse, Les temples atoniens de la région thébaine, in: Orientalia 24, 1955, 113–135 sowie C. Aldred, The Beginning of the El-Amarna Period, in: JEA 45, 1959, 19–53.
Zu **Aton**: C. Aldred zeigt die Entwicklung des Re-Harachte-Aton in den ersten Regierungsjahren (JEA 45, 1959, 22–24): 1. Re-Harachte mit Falkenkopf, 2. Früher lehrhafter Name ohne Königsring, 3. Lehrhafter Name mit Königsring, 4. Strahlenbild des Aton. Dazu: D.B. Redford, The Sun-disc in Akhenaten's Program: Its Worship and Its Antecedents, I, in: JARCE 13, 1976, 47–61 und JARCE 17, 1982, 21–38. Die Bedeutung des Gottes behandelt J. Assmann, in: LÄ I, Stichwort „Aton", Sp. 526–540 (mit vielen Literaturhinweisen). Ders., Akhenyati's Theology of

Light and Time, in: Proceedings of Israel Academy of Sciences and Humanities 4 (1992), 143–149; E. Hornung, The Rediscovery of Akhenaten and His Place in Religion, in: JARCE 29, 1992, 43–49; H. A. Schlögl, in: OEAE I, Stichwort „Aten", S. 156–158.

Zu den **Atontempeln von Karnak**: Arnold, BK (Aton-Bezirk, Aton-Tempel), S. 30–31; C. E. Loeben, Nefertiti's Pillars, in: Amarna Letters 3, San Francisco 1994, S. 41–45; R. Vergnieux, Recherches sur les monuments Thébains d'Amenhotep IV à l'aide d'outils informatiques. Méthodes et résultats, 2 Bde., Genf 1998; C. E. Loeben, Neuerungen in Architektur und Relief, in Tietze, Amarna, S. 276–285 (mit weiteren Literaturhinweisen) und ders., Der Zugang zum Amuntempel von Karnak im Neuen Reich – Zum Verständnis einer zeitgenössischen Architekturdarstellung, in: U. Luft (Hrsg.), The Intellectual Heritage of Egypt – Studies Presented to László Kákosy, Studia Aegyptiaca 14, Budapest 1992, S. 393–401.

Die **Atontempel** haben spätere ägyptische Könige abgetragen und die Blöcke als Futter für andere Bauten verwendet. Diese Blöcke werden heute mit dem arabischen Wort „**Talatat**" bezeichnet. Das Wort bedeutet „Dreier" und bezieht sich auf die Maße der Blöcke; alle nämlich besitzen ungefähr eine Handspanne Höhe und zwei Handspannen Breite. Die ersten Blöcke wurden schon in der Mitte des vorletzten Jahrhunderts publiziert, so z. B. bei R. Lepsius, Denkmäler aus Ägypten und Äthiopien, Berlin 1849–1858, Abt. III, S. 110. Durch A. Prisse und R. Lepsius kamen Blöcke, die im 10. Pylon des Karnaktempels verbaut waren, in die Museen von Paris und Berlin (Porter-Moss II, S. 190–191). Nach dem Erdbeben von 1899 wurde G. Legrain beauftragt, in Karnak Restaurierungsarbeiten vorzunehmen. Dabei wurden zahlreiche Blöcke aus dem 9. Pylon geborgen, von denen 67 in das Kairener Museum gelangten (Porter-Moss II, S. 182). Später setzte M. Pillet diese Arbeiten fort, und aus dem gleichen Pylon konnten ungefähr 300 Blöcke geborgen werden. Seit 1964 wurde der Westflügel des Pylons abgetragen, und bis 1969 wurden zirka 3700 dekorierte Talatat gefunden. Dazu: R. Saad, in: MDIK 22, 1967, 64–67; J. Lauffray, in: Kemi 19, 1969, 126 f.; S. Sauneron – R. Saad, in: Kemi 19, 1969, 137 und 178; R. Saad, in: Kemi 20, 1970, 188 mit Fig. 2; J. Lauffray u. a., in: Kemi 21, 1971, 64–66 und 145–150; L. Maniche, in: Kemi 21, 1971, 155–164; J. Lauffray, in: Cahiers de Karnak 6, 1980, 67–89. Von M. Pillet wurden 1923/24 weitere Blöcke aus dem 10. Pylon herausgeholt (Porter-Moss II, S. 191). Viele Talatat wurden auch im großen Säulensaal von Karnak wiederentdeckt. M. Pillet und später H. Chevrier fanden zahlreiche Blöcke in den Fundamenten (Porter-Moss II, S. 53). Aus dem Südflügel des 2. Pylons wurden 1948/49 zirka 4500 Blöcke herausgeholt, weitere ein Jahr später (Porter-Moss II, S. 37 und 39 f.). Talatat fanden sich über das ganze Tempelareal verstreut (P. Barguet, Le Temple d'Amon-Re à Karnak, Kairo 1962, S. 226, 230–232, 257). R. Saad hat die Gesamtzahl der Blöcke auf 120 000 geschätzt (MDIK 22, 1967, 64). Unter der Leitung von R. W. Smith wurde 1965 mit der Erfassung dieses gewaltigen Materials begonnen, um mit Hilfe eines Computers die zusammengehörigen Blöcke zu bestimmen. Bis 1968 waren 25 000 Talatat aufgenommen und 60 Szenen rekonstruiert. Dazu R. W. Smith, in: National Geogr. Mag. 18, 1970, 634–655 und ders., in: Bulletin de l'Institut Egyptien 50, 1968/69, 59–64. D. B. Redford, der R. W. Smith bei der Rekonstruktion des Atontempels abgelöst hat, veröffentlichte die Ergebnisse des „Akhenaten Temple Project" in: JARCE 10, 1973, 77–94; JARCE 12, 1975, 9–14; JARCE 14, 1977, 21–25 und zusammen mit R. W. Smith 1976 den ersten Band einer Reihe „The Akhenaten Temple Project"; der zweite Bd.: D. B. Redford, The Akhenaten Temple Project, Toronto 1988. Dazu: E. S. Meltzer, Akhenaten's lost Temples, FATE Magazine (Jan. 1979), 40–50; J.–L. Chappaz, Le premier édifice d' Aménophis IV à Karnak, in: BSEG 8, 1983, S. 13–46.

Für die **Blöcke**, die im **9. Pylon** verbaut waren, ist der Artikel von C. Traunecker, in: BSFE 107, 1986, 17–44 von Bedeutung.

Talatat-Blöcke wurden seit der Mitte des 19. Jahrhunderts auch **in Luxor** bekannt. G. Daressy schreibt sie einem Aton-Heiligtum in Luxor zu (Notice explicative du temple de Louxor, Kairo 1893, S. 4). Dagegen vertrat G. Legrain, in: ASAE 4, 1903, 147, Anm. 4 die Ansicht, daß sie vom Karnaktempel stammen. Weitere Blöcke wurden 1932–1934 gefunden und behandelt bei: A. Fakhry, in: ASAE 35, 1935, 35–51. Auf das Problem eines Atontempels in Luxor geht D. B. Redford, in: JARCE 10, 1973, 82f. ein.

Das 1976 eröffnete **Luxor-Museum** zeigt 375 bemalte Talatat-Blöcke des einstigen Gotteshauses, die in zwei Teilen auf einer großen Wandfläche zusammengesetzt wurden. Auf der einen Hälfte erscheint der König unter der Strahlensonne Atons, Menschen um ihn herum bei verschiedenen Tätigkeiten im Magazin des neuen Tempels. Auf der zweiten findet sich die Darstellung des Sedfestes, das den König und die Königin zusammen mit einem in tiefster Demut wiedergegebenen Hofstaat wohl im 3. Regierungsjahr feierte. (B. V. Bothmer, The Luxor Museum of Ancient Egyptian Art (Catalogue) Kairo 1979, S. 104 ff.; zeigt nur den linken Teil der Wand!).

Zu **weiteren Funden in Karnak**: G. Legrain hat in der sog. Cachette auch Statuen gefunden, die aus den ersten Regierungsjahren Amenophis' IV. stammen: G. Legrain, in: ASAE 7, 1906, 228–231 und ders., Statues et Statuettes des Rois et des Particuliers (Cat. General), 3 Bde., Kairo 1906–1925, CG 42089 ff.

Die ersten zwei **Kolosse des Königs** wurden 1925 entdeckt und ein Jahr später neun weitere: H. Chevrier, in: ASAE 26, 1926, 121–127; ASAE 27, 1927, 143–147; ASAE 29, 1929, 144 f.; ASAE 30, 1930, 168 f.; ASAE 32, 1932, 112; ASAE 33, 1933, 176 f.; ASAE 36, 1936, 141 f. Dazu auch Porter-Moss II, S. 253–254. Alte Fotos aus der Zeit der Entdeckung der Kolosse: C. Traunecker – C. Golving, Karnak. Résurrection d'un site, Fribourg 1984, 186 und 187. Dazu: D.C. Forbes, The Akhenaten Colossi of Karnak: Their Discovery and Description, in: Amarna Letters 3, San Francisco 1994, S. 46–55. Zur Deutung der Kolosse s. Anmerkungen zum Kapitel „Die neue Kunst Amenophis' IV. Echnaton".

In Karnak wurde 1972 ein **Altar in Säulenform** mit älteren Atonnamen gefunden: J. Jaquet, in: BIFAO 73, 1976, 216 (mit Taf. XXIV). Ein Obelisk war im 10. Pylon verbaut (P. Barguet, op. cit. 247, Taf. XXXVb).

Thebanische Gräber, die in der ersten Regierungsphase vollendet wurden: Grab des Vezirs Ramose (Nr. 55 in: Porter-Moss I, Part 1); Das Grab des Parennefer (Nr. 188). Zum Einschluß des Atonnamens in einen Königsring während der Arbeit an diesem Grab: H. Brunner, in: ZÄS 97, 1971, 18 mit Anm. 50. Das Grab des Cheruef (Nr. 192), (Ch. T. Nims u.a., The Tomb of Kheruef. Theban Tomb 192. The University of Chicago Oriental Institute Publications Vol. 102, Chicago 1980) und das Grab des Scheunenvorstehers Ramose (Nr. 46) sowie TT 136: A. Grimm – H.A. Schlögl, Das thebanische Grab Nr. 136 und der Beginn der Amarnazeit, Wiesbaden 2005.

In **Deir el-Medine** wurden die Gräber von Nacht (Nr. 1138 in Porter-Moss I, Part 2) und von Setau (Nr. 1352) angelegt.

Funde aus **Theben**: Stele des Patua (Berlin Inv. Nr. 9610). Dazu: Porter-Moss I, Part 2, S. 797; Relief des königlichen Altarschreibers Amenophis (Museum Kairo JdE 26947) und Relief des Neferrenpet mit einem Hymnus an Aton (Museum Kairo JdE 87233). Zu Beiden: Porter-Moss I, Part 2, S. 816.

Funde aus anderen Gegenden Ägyptens: Armant (Porter-Moss V, S. 158); dazu: A. Farid, in: Oriens Antiquus 22, 1983, 67–72; Esna: Stelen von Zemik (ca. 8 km nördlich von Esna) publiziert bei R. Saad, in: MDIK 30, 1974, 215–220 mit Taf. 74–76; Gebel Silsileh (Porter-Moss V, S. 220; R.A. Caminos, in: JEA 41, 1955, 55); Hierakonpolis (Porter-Moss V, S. 196); Talatat-Funde aus Tod: Chr. Desroches-Noblecourt, in: ASAE 70, 1985, 253–276.

Zum **Tempel von Soleb** in Nubien s. Anmerkungen zum Kapitel „Ausgangslage unter Amenophis III.".

Die **Revolution des 4. Jahres**: Zum „Annus mirabilis" N.d.G. Davies, in: JEA 9, 1923, 147 und E. Hornung, Untersuchungen zur Chronologie und Geschichte des Neuen Reiches, Wiesbaden 1964, S. 79f. (mit weiteren Literaturhinweisen).

Zur **Inschrift des Hohenpriesters Mai** im Wadi Hammamat: E. Hornung, op.cit., S. 79. D.B. Redford möchte die Inschrift dem Hohenpriester Ptahmose aus den späteren Regierungsjahren Amenophis' III. zuweisen (Journal of the American Oriental Society 83, 1963, 240f.)

Führende Beamte nach dem 4. Regierungsjahr

Durch die in den Jahren 3 bis 4 beginnende Revolution des Königs wurde ein Konflikt ausgelöst, der nicht nur religiöse Bereiche berührte, sondern auch wirtschaftliche Folgen hatte. Der große Amuntempel in Karnak nämlich war die bedeutendste Kultanlage des Landes und seine wirtschaftliche Macht ein bestimmender Faktor im Staat. Seit der Vertreibung der Hyksos – fast 200 Jahre vor Amenophis IV. – waren alle Siege in Asien und Afrika im Namen des Reichsgottes Amun erfochten worden, und der Löwenanteil der Kriegsbeute floß jeweils an das Hauptheiligtum des Gottes. An der stetig steigenden wirtschaftlichen Kraft des Tempels hatten die wichtigsten und einflußreichsten Familien des Landes ihren Anteil an Ämtern und Pfründen. So traf die Revolution des Königs auch die ökonomische Seite des Gottes Amun, und der Bruch mit der religiösen Vergangenheit führte notgedrungen zu einem Bruch mit den führenden Beamten des Landes. Für Amenophis IV. war dies sicherlich der entscheidende Grund, die Führungsmannschaft seines Staates auszuwechseln.

Die neuen Beamten, die der König nun einsetzte, stammten in der Regel entweder aus den einfachen Schichten des Volkes, oder sie waren ausländischer Herkunft. Vielleicht über eine militärische Laufbahn rückte der aus unbekannter Familie stammende Merire zum „Hohenpriester des Aton" auf. Es war dies das höchste Priesteramt, das in der Zeit Amenophis' IV. zu vergeben war. Sein Stellvertreter war ein Mann ausländischer Herkunft namens Pentu, der auch den Titel eines „Oberarztes" führte. In das hohe Amt eines „Prophetenvorstehers aller Götter" setzte Amenophis IV. den „Truchseß" Parennefer ein: Ihm oblag die wichtige Aufgabe, das Getreide an die einzelnen Tempel des Landes zu verteilen und zu entscheiden, wieviel jedem Gott „zugemessen" wurde. Der Syrer Tutu gelangte zu einer besonderen Machtfülle: Er stieg zum „Kammerherrn" auf, war „Oberbaumeister des Königs" und „Oberster Mund des ganzen Landes". Schon beim Sedfest des Königs spielte er – wie das Relief (E. G. A. 2300. 1943, Fitzwilliam Museum Cambridge) zeigt – eine dominante Rolle. Er bekleidete auch das Amt eines Finanzministers, dem auf königlichen Befehl alle Beamten und führenden Persönlichkeiten die Abgaben und Steuern zu entrichten hatten.

Nach der Übersiedlung des Hofes nach Achetaton (Amarna) hatte der König auch eine eigene Priesterschaft, wobei der „Erste Diener des Gottes Aton" zugleich „Zweiter Prophet des Herrn der Beiden Länder" war. Es war wieder Tutu, der mit dem Amt eines „Ersten Propheten des Herrn der Beiden Länder" betraut wurde. Ihm zur Seite als „Zweiter Prophet" stand ein Mann namens Panehesi, der – wie auch andere hohe Würdenträger – in Inschriften besonders betonte, daß er arm gewesen sei, bis der König ihn begünstigte. Ein anderer Titel bezeichnet Panehesi als „Vorsteher der Rinder des Aton". Ein homo novus war auch Maja, der zum „General" und zum „Wedelträger zur Rechten des Königs" aufstieg. Er hatte zudem den Titel eines „Rekrutenschreibers" inne, einen Rang, der zu den höchsten Militärchargen gehörte. Ein weiterer „General" und „Rekrutenschreiber" war Rames, der ursprünglich wohl Ptahmes hieß, im Laufe der Revolution aber seinen Namen änderte. Mit derartigen Namensänderungen scheinen sich einige Männer dem neuen Regime angepaßt zu haben. So nannte sich der Beamte Meritineith (Liebling der Göttin Neith) Meritire (Liebling des Re), als er zum Domänenverwalter des memphitischen Atontempels aufsteigen konnte.

An der Spitze der Militärverwaltung in Nubien stand der „Königssohn von Kusch" und „Vorsteher der südlichen Fremdländer" Thutmosis, der dem Vizekönig Amenophis, genannt Hui, im Amt nachfolgte.

Über das ober- und unterägyptische Vezirat unter Amenophis IV. ist wenig bekannt. Einer der beiden Vezire trug den Namen Nachtpaaton. Über sein Leben oder seine Herkunft wissen wir nichts, doch vermutet man, daß er vor der Revolution Nachtmin hieß. Vielleicht hatte er das oberägyptische Vezirat inne. Sein Kollege im Amt war der schon unter Amenophis III. wirkende Aper-El, der unter der neuen Königsherrschaft auch den Titel eines „Ersten Dieners des Gottes Aton" erhält. Da er sein Grab in Sakkara angelegt hat, kann man annehmen, daß er das Amt des unterägyptischen Vezirs bekleidete.

Einer der wenigen hohen Beamten aus der Zeit Amenophis' III., welche ihre Karriere fortsetzen konnten, war Ipi, ein Neffe des Vezirs Ramose und auch ein früher Anhänger der religiösen Reform des jungen Königs. Er war „Oberverwalter von Memphis", bevor er die Position des „Palastvorstehers" in der neuen Residenz Achetaton einnahm. Neben diesen führenden Männern standen etwa zwei Dutzend weitere Persönlichkeiten, die vom König mit hohen Aufgaben betraut wurden. Hier besonders zu nennen ist der „königliche Sekretär" und „Gottesvater" Aja, der königliche Schwiegervater, welcher innerhalb der neuen Administration zu den engsten Vertrauten des Königs gehörte. Ihm wurde auch ein hoher militärischer Ehrenrang mit dem Titel „Befehlshaber der Streitwagentruppe" zuerkannt.

Literatur

Allgemein zu den Beamten und Persönlichkeiten der Zeit Amenophis' IV. Echnaton: R. Hari, Répertoire onomastique amarnien (Aegyptiaca Helvetica IV), Genf 1976. Speziell zur Priesterschaft: H. Kees, Das Priestertum im Ägyptischen Staat vom Neuen Reich bis zur Spätzeit, Leiden/Köln 1958, S. 17–64. Zur Militärhierarchie: A.R. Schulman, Military Rank, Title and Organisation in the Egyptian New Kingdom, Berlin 1964 und W. Helck in: LÄ IV, Stichwort „Militär", Sp. 128–134. Zu den nubischen Vizekönigen: L. Habachi, in: LÄ III, Stichwort „Königssohn von Kusch", Sp. 630–640.
Fast alle **hohen Würdenträger** der Zeit Amenophis' IV. Echnaton haben sich **Felsgräber** in der neuen Residenzstadt Achetaton (s. Kapitel „Die Gründung einer neuen Residenz") anlegen lassen. Vor allem die Dekorationen dieser Gräber geben uns Aufschluß über ihre Stellung am Hof und über ihre Tätigkeit: Merire I. (Grab Nr. 4 in Porter-Moss IV, S. 214–217). Zu Merire: M. Gander, Der Hohepriester Merire I. in: Tietze, Amarna, S. 220–224. Pentu (Nr. 5 in Porter-Moss IV, S. 217–219). Tutu (Nr. 8) vgl. P. Vomberg, Der Syrer Tutu, in: Tietze, Amarna, S.196–199. Panehesi (Nr. 6) vgl. P. Vomberg, Der Oberpriester Panehesi, in: Tietze, Amarna, S. 204–212. Rames (Nr. 11) vgl. C. Tietze, Der General Ramose, in: Tietze, Amarna, S. 179–188. Nachtpaaton (Nr. 12), dazu: M. Gander, Der Wesir Nacht, in: Tietze, Amarna, 225–227; zu diesen wichtigen Beamten s. auch A. Weil, Die Vezire des Pharaonenreiches, Straßburg 1908, S. 87 und W. Helck, Zur Verwaltung des Mittleren und Neuen Reiches, Leiden/Köln 1958, S. 305. Ipi (Nr. 10 in Porter-Moss IV, S. 223–224); dazu W.C. Hayes, in: JEA 24, 1938, S. 24 (mit Denkmälerliste) und B. Löhr, Achanjāti in Memphis, in: SAK 2, 1975, S.139–188. Besonders bedeutsam ist das Grab des Aja (Nr. 25); vgl. A. Lohwasser, Der „Gottesvater Eje", in: Tietze, Amarna, 228–233. Wichtige Text- und Bildwiedergaben (s. Kapitel „Die Krönung des Werkes"). Der Beamte Parennefer besaß sowohl in Theben-West ein Felsgrab (Nr. 188 in Porter-Moss I, Part 1) als auch eines in Achetaton (Nr. 5). Ebenso Ipi (TT 136), vgl. A. Grimm – H.A. Schlögl, Das thebanische Grab Nr. 136 und der

Beginn der Amarnazeit, Wiesbaden 2005. Kein Grab in der neuen Residenz hatten Meritineith bzw. Meritire (Porter-Moss III, S. 188) und der Vezir Aper-El (A.-P. Zivie, in: BSFE 84, 1979, 21–32 und in: BSFE 98, 1983, 40–56 sowie in: ASAE 70, 1985, 219–224 und BSFE 116, 1989, 31–44; ders., Memphis et ses nécropoles du Nouvel Empire: Nouvelles données, nouvelles questions, Paris 1988, S. 103–112; ders, Découvert à SAQQARAH: Le vizir oublié, Paris 1990.

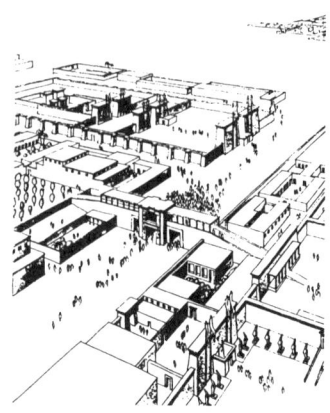

Die Gründung einer neuen Residenz

Zu Beginn des 6. Regierungsjahres gründete Amenophis IV. eine neue Hauptstadt, die in der Ebene von Tell el-Amarna, etwa halben Weges zwischen Kairo und Luxor lag. Auf noch unberührtem Boden und ohne Rücksicht auf andere Götter konnte in diesem Gebiet der Gott Aton verehrt werden, hier hatten die Gläubigen – anders als in Karnak – nicht stets den mächtigen und überragenden Tempel des Amun vor Augen.

Vierzehn aus dem Fels gehauene Stelen legten die Grenzen der neuen Residenz mit dem Namen Achetaton (= „Horizont des Aton") fest. Obwohl die Stadt in der Ramessidenzeit bis auf die Fundamente geschleift wurde, konnte ihr Grundriß durch archäologische Kleinarbeit wiedergewonnen werden. Allerdings ist die Zuschreibung mancher Bauten nicht gesichert; auch bleibt die Frage unbeantwortet, ob der gesamte Verwaltungsapparat des Landes seinen Sitz in Achetaton hatte.

Aus dem archäologischen Befund läßt sich etwa folgende Skizze der Stadt gewinnen: In Nord-Süd-Richtung verlief die Hauptstraße, an der alle wichtigen Gebäude lagen und welche die Palastanlagen im Norden und im Süden der Stadt miteinander verband. Während die beiden südlichen Anlagen (Maru-Aton und el-Hauata) recht klein waren und mehr den Charakter von Lustschlössern besaßen, bestand der nördliche Palast aus einer bedeutenden Anlage mit zahlreichen Räumlichkeiten für Kult und Repräsentation; sogar ein Zoo war dort untergebracht.

In der Stadtmitte führte die Hauptstraße zwischen einem sogenannten „Haus des Königs", das versehen war mit einem Hofgarten, und der großen Palastanlage hindurch. Beide Gebäude waren durch eine Brücke verbunden, welche mit drei Durchlässen die Straße überquerte. Oberhalb des mittleren Durchlasses befand sich das Erscheinungsfenster, von dem aus sich der Pharao bei bestimmten Anlässen dem Volk zeigen konnte.

Nördlich der großen Palastanlage stand der mächtige Atontempel, der Brennpunkt der neuen religiösen Welt, der den Namen „Haus des Aton in Achetaton" trug. Eine riesige Mauer umschloß zwei aus Stein gebaute Tempel mit einem gewaltigen Einzugstor, mit Magazinen und Festräumlichkeiten. Nicht weit davon lag auch das Staatsarchiv, in welchem bei einer Grabung gegen Ende des vorletzten Jahrhunderts die sog. Amarna-Briefe gefunden wurden (s. Kapitel „Außenpolitik in Asien und Afrika"). Südlich vom „Haus des Königs" stand der kleine Aton-Tempel; außer diesen Tempeln besaß der Gott zahlreiche Kultstätten in der Stadt, so z. B. die Tempelkapellen für die Mitglieder der Königsfamilie, die den Namen „Sonnenschatten" trugen.

Östlich der Hauptstraße zogen zwei weitere Straßen in Nord-Süd-Richtung durch Achetaton: An der ersten, näher gelegenen befanden sich die Häuser der führenden Beamten und Würdenträger, an der zweiten lag z. B. das Bildhaueratelier des „Oberbildhauers" Thutmosis (vgl. C. Tietze, Der Bildhauer Thutmoses, in: Tietze, Amarna, S. 158–162 und M. Fitzenreiter, Die Arbeiter des Thutmoses, in: Tietze, Amarna, S. 163–165), in dem die berühmte farbige Kalksteinbüste der Nofretete (s. Kapitel „Die neue Kunst Amenophis' IV. Echnaton") ausgegraben wurde.

Von den Grenzstelen, die die Stadt umgaben, erfahren wir, daß der König befahl, für ihn selbst, seine Gemahlin Nofretete und seine älteste Tochter Meritaton ein Familiengrab im nahen Wüstengebirge anzulegen. Auch sollten alle Atonpriester und alle Beamten ihre Begräbnisstätten in den die Hauptstadt umgebenden Bergen erhalten. Mit diesen Bestimmungen wurde nicht nur die Residenz, sondern auch der Residenzfriedhof von Theben nach Amarna verlegt und die Bedeutung der alten Hauptstadt weiter geschmälert.

Einen Gegensatz zu den Stadtwohnungen Achetatons bildete sicher das Dorf der Nekropolenarbeiter, das außerhalb des Zentrums, 1500 Meter östlich in der Nähe der Berge, lag. Hier drängten sich auf engem Raum siebzig Reihenhäuser, in denen Steinmetze, Schreiber, Maler, Reliefkünstler und Lastenträger mit ihren Familien wohnten. Sie hatten die Aufgabe, die Felsgräber in den nahen Ostbergen auszuhauen und diese mit Reliefs und Inschriften zu dekorieren. Vgl. A. Lohwasser, Die Arbeitersiedlung und ihre Bewohner, in: Tietze, Amarna, S. 172–175 und dies., Der „Vorsteher der Arbeiten" Hatiai, in: Tietze Amarna, S. 176–178.

Etwa gleichzeitig mit der Gründung der neuen Hauptstadt änderte Amenophis IV. seine Titulatur und seinen Geburtsnamen: Auch hierin dokumentierte er die Herrschaft Atons. Der Horusname lautete von jetzt an „Starker Stier, von Aton geliebt", und der bisherige Nebti-Name „Mit großem Königtum in Karnak" erhielt die Form „Mit großem Königtum in Achetaton". Für seinen Goldnamen wählte der König die Bezeichnung „Der den Namen des Aton erhebt". Den vierten Namen, den Thron- oder Nesut-Biti-Namen, änderte der Herrscher nicht: Er lautete weiterhin „Mit vollkommenen Gestalten, ein Re, der Einzige des Re". Ein ganz ungewöhnlicher Vorgang war die Änderung des Geburtsnamens: Amenophis IV. nannte sich von nun an Echnaton = „dem Aton wohlgefällig". Früher wurde der Name mit „Glanz der Sonnenscheibe" übersetzt oder „Geist des Aton", aber heute wird auch „Strahl des Aton" als Übertragung verwendet.

Literatur

Die **Einwohnerzahl von Achetaton** wird auf 50 000 bis 100 000 geschätzt, vgl. J.J. Janssen, El-Amarna as a residential City, Bibliotheca Orientalis 40, 1983, 273–288. B.J. Kemp, Ancient Egypt. Anatomy of a civilisation, London/New York 1989, S. 261–317. Ders., Leben in Amarna, in: Tietze, Amarna, S. 286–295; B.M. Bryan, in OEAE I, Stichwort „Amarna, Tell el-", S. 60–65; C. Tietze hat einen genauen Stadtplan von Achetaton ausgearbeitet, Maßstab 1:3000; mit einer Übersicht über die einzelnen Grabungen: AMARNA. Eine Hauptstadt des Alten Ägypten. Stadtplan, Weimar 2010.

Der **Bau der Stadt** aus dem Nichts heraus war ein wahrhaft titanisches Unternehmen. Als Chefarchitekten und Leiter aller Arbeiten an den Monumenten der Stadt berief der König Maa-nachtu-ef. Vgl. C. Tietze, Der Oberbaumeister Maa-nachtu-ef, in: Tietze, Amarna, S. 154–157. Ders., Die Anlage der Stadt, in: Tietze, Amarna, S. 34–65. P. Vomberg, Kult und Architektur, in: Tietze, Amarna, S. 66–91. C. Tietze, Wohnhäuser und Bewohner der Südstadt, in: Tietze, Amarna, S. 92–117. C. Kral, Das Wohnhaus – Funktion, Konstruktion und Ästhetik, in: Tietze, Amarna, S. 118–131.

Einen allgemeinen **Überblick über die Stadtanlage** geben: J. Vandier, Manuel d'archéologie égyptienne, Bd. II, Paris 1955, S. 1006–1022; W.St. Smith, The Art and Architecture of Ancient Egypt (The Pelican History of Art), Harmondsworth 1965^2, S. 186–204; Al. Badawy, A History of Egyptian Architecture, Bd. III, Berkeley, Los Angeles 1968, S. 76–126. Dazu auch: Porter-Moss IV, S. 193 ff. Eine Luftaufnahme der Ruinenstätte von Achetaton gibt C. Aldred, Echnaton, Gott und Pharao Ägyptens, Bergisch-Gladbach 1968, Abb. 112 ff.; C. Tietze, Amarna. Analyse der Wohnhäuser und soziale Struktur der Stadtbewohner, in: ZÄS 112 und 113, 1985/86, 48–84 bzw. 55–78. Arnold, BK (Amarna), S. 16–19.

Den **Palast** und die **Tempel** in Achetaton behandeln: E.P. Uphill, in: JNES 29, 1970, 151–166; J. Assmann, in: JNES 31, 1972, 143–155; R. Stadelmann, in: MDIK 29, 1973, 225 ff.; P. Barguet, in: RdE 28, 1976, 148–151; Al. Badawy, in: ZÄS 102, 1975, 10–13.

Zum **„Haus des Königs"**: C. Tietze, Das „Haus des Königs" in Amarna, in: Kölner Jahrbuch 43, Berlin 2010, 779–796; zum **Erscheinungsfenster**: P. Vomberg, Das Erscheinungsfenster der Palaststruktur. Herkunft-Entwicklung-Fortleben, Wiesbaden 2004.

Zu den **Bildhauern** in Achetaton: M. Fitzenreiter, Die Bildhauer und ihre Werkstatt, in: Tietze, Amarna, S. 166–171. Zum Bildhauer Bak vgl. A. Grimm – H. A. Schlögl, Das verschollene Grab. Zur Geschichte einer prominenten Bauleiter- und Bildhauerfamilie der 18. Dynastie, in: „Von reichlich ägyptischem Verstande", Festschrift für Waltraud Guglielmi zum 65. Geburtstag, Philippika 11, Wiesbaden 2006, S. 43–65.

Zu den **Tempeln des Aton** und seinen privaten Kultstellen: J. Assmann, in: LÄ I, Stichwort „Atonheiligtümer", Sp. 541–549. Zu den Sonnenschattenkapellen: R. Stadelmann, in: LÄ V, Stichwort „Sonnenschatten", Sp. 1103–1104.

Den **Palast von Maru-Aton** behandelt Al. Badawy, in: JEA 42, 1956, 58–64. Zum Palast von el-Hauata: Der Fußboden dieser Anlage wurde 1896 von A. Barsanti entdeckt. Die Fragmente gelangten später in die Museen von Kairo und Berlin (F. W. v. Bissing, Der Fußboden aus dem Palast des Königs Amenophis' IV. zu el-Hauata im Museum zu Kairo, München 1941). Den Nordpalast sieht B. J. Kemp wegen seiner Größe als eigentlichen Königspalast an (JEA 62, 1876, 81–99).

Zu den **Wohnhäusern**: H. Ricke, Der Grundriß des Amarna-Wohnhauses, Leipzig 1932, und L. Borchardt – H. Ricke, Die Wohnhäuser in Tell El-Amarna (hrsg. von V. Fritz und R. Stadelmann), Berlin 1980 und A. Endruweit, Städtischer Wohnbau in Ägypten. Klimagerechte Lehmarchitektur in Amarna, Berlin 1988; ders., Die Wohnhäuser in Amarna, in: Göttinger Miszellen 112, 1989, S. 11–21.

Die Belege zu den **Pferdestallungen** sind gesammelt bei W. Decker, Die physische Leistung Pharaos, Köln 1971, S. 135 mit Anm. 906. Allgemein: L. Störk, in LÄ IV, Stichwort „Pferd", Sp. 1009–1013 und U. Hoffmann, Fuhrwesen und Pferdehaltung im Alten Ägypten, Bonn 1989.

Einzelne Beiträge zur **Bauforschung**: S. Seidelmayer, Zu einigen Architekturinschriften aus Tell El-Amarna, MDIK 39, 1983, 183–206; B. Gessler-Löhr, Die heiligen Seen ägyptischer Tempel. Ein Beitrag zur Baukunst im Alten Ägypten (Hildesheimer Ägyptologische Beiträge 21), Hildesheim 1983, 197–218; A. P. Thomas, Some Palimpsest Fragments from the Maru-Aten, CdE 57, 1982, 5–13; und der wichtige Beitrag von C. und

F. Traunecker, Sur la salle dite „du couronnement" à Tell El-Amarna, in: BSEG 9–10, 1984/85, 285–307.
Einen Überblick über die **Grabungsgeschichte** von Achetaton (Tell El-Amarna) geben: W. Wolf, Funde in Ägypten, Göttingen 1966, S. 194–208 und B. Van de Walle, in: RdE 28, 1976, 7–24.
Schon im 18. Jahrhundert kamen **europäische Reisende** nach Tell el-Amarna. 1714 beschrieb und zeichnete der französische Jesuitenpater Sicard die Grenzstele A von Tuna el-Gebel. In das Jahr 1738 bzw. 1741 fielen die Besuche der englischen Reisenden Fr. Norden und Ch. Perry. Die Expedition Napoleons konnte feststellen, daß sich in der Ebene eine alte Stadt befunden hatte (E.F. Jomard, in: Description de l'Egypte, Bd. IV, Paris 1822, S. 285 ff.). Die Engländer J.G. Wilkinson und I. Burton begannen 1826 die Felsgräber zu erforschen, und am 8. November 1828 weilte F. Champollion in Tell el-Amarna. Er identifizierte den „großen Atontempel" (E. Hartleben, Champollion. Sein Leben und sein Werk, Bd. II, Berlin 1906, 230 f.). R. Lepsius hielt sich während seiner Expedition zweimal in Tell el-Amarna auf und zwar 1843 und 1845, um vor allem die für ihn merkwürdigen Felsgräber zu untersuchen. Zirka 40 dieser Gräber wurden dann von G. Maspero und U. Bouriant in der Zeit von 1881–1884 freigelegt (BIE II, 6, 1885, 65–67). Das Jahr 1887 brachte die sensationelle Entdeckung der Tontafeln von Amarna (s. Kapitel „Außenpolitik in Asien und Afrika"). Die Erforschung der Stadt selbst wurde durch die Grabungen von F. Petrie begonnen (Winter 1891/92). Zwei Jahre später wurde die Grabung publiziert (F. Petrie, Tell el-Amarna, London 1894). 1893/94 kopierten U. Bouriant, G. Legrain und J. Jéquier die Gräber von Tell el-Amarna und Hagg Quandil (G. Daressy, in: Rec.Trav. 15, 1893, 36–62 und U. Bouriant, in: Rec.Trav. 18, 1896, 144–150 sowie U. Bouriant – G. Legrain – G. Jéquier, Monuments pour servir à l'étude du culte d'Atonou en Egypte, Bd. I, Les tombes de Khouitatonou, MIFAO 8, Kairo 1903).
Im Jahr 1901 kam **N.d.G. Davies** nach Tell el-Amarna. Seine Arbeit hat er in sechs wichtigen Bänden veröffentlicht: N.d.G. Davies, The Rock Tombs of El-Amarna, London 1903–1908. Die Grabungskonzession ging 1907 an die Deutsche Orientgesellschaft über. Die Grabungen konnten erst 1911 durch die Mittel des alleinigen Financier **James Simon** (Berlin) beginnen und wurden bis 1914 weitergeführt. Von diesen Grabungen gibt es nur Vorberichte: Mitteilungen der Deutschen Orientgesellschaft 34, 1907, bis 57, 1917, und dazu P. Timme, Tell el-Amarna vor der deutschen Ausgrabung im Jahre 1911, Berlin/Leipzig 1917. Von 1921 bis 1936 fanden Grabungen durch die Egypt Exploration Society statt. Die Arbeiten wurden in drei Bänden veröffentlicht: The City of Akhenaten

(Egypt Exploration Fund 38, 40, 44), London 1923–1951 und dazu auch die Vorberichte in JEA 7, 1921 bis JEA 22, 1936. Zu neuen Grabungen in Amarna Vorberichte von B.J. Kemp, in: JEA 64, 1978 bis JEA 69, 1983; ders., Amarna Reports I, London 1984; ders., Amarna Reports II, London 1985; ders., Amarna Reports III, London 1986; ders., Amarna Reports IV, London 1987; weitere zwei Bände erschienen bis 1997; ders., in: LÄ VI, Stichwort „Tell el-Amarna", Sp. 309–319; ders., in: ASAE 70, 1984/85, 83 ff. (Amarna Reports).

Das **Königsgrab in Achetaton** wurde 1881/82 durch Einheimische entdeckt. Im Dezember 1891 durchforschte A. Barsanti das Grab und brachte einige Objekte nach Kairo. Die erste wissenschaftliche Aufnahme des Felsgrabes erfolgte durch U. Bouriant, G. Legrain und G. Jéquier (Veröffentlichung s. oben). Im Jahre 1931/32 säuberte J. Pendlebury die Grabanlage und fand dabei weitere Gegenstände (ASAE 31, 1931, 123–125). Unter der Leitung von H.W. Fairman erfolgte 1934 eine zeichnerische und photographische Neuaufnahme. Im Sommer 1934 gelangten durch eine Raubgrabung weitere Gegenstände des Grabes nach Kairo (M. Kamal, in: ASAE 35, 1935, 193–196). Mehrere Relieffragmente der Anlage wurden 1954 vom Brooklyn Museum erworben (The Brooklyn Museum. Five Years of Collecting Egyptian Art, 1951–1956; Catalogue of an Exhibition held at The Brooklyn Museum, 11 December, 1956 to 17 March, 1957, Brooklyn 1956, S. 26 f. mit Taf. Nr. 30 und Nr. 49 f.). Obwohl das Grab eine umfangreiche Ausstattung erhalten hatte, gab es kein Anzeichen einer durch Mumien belegten Benutzung. Das Königsgrab ist hervorragend publiziert bei: G.T. Martin, The Royal Tomb at El-Amarna. The Rock Tombs of El-Amarna, Part VII, I The Objects, London 1974 und ders., The Royal Tomb at El-Amarna. Vol. II, The Relief, Inscriptions and Architecture, London 1989.

Die **Änderung der Titulatur** des Königs erfolgte nicht vor Mitte des 5. Regierungsjahres. In einem Brief aus Gurob (M. Sandman, Texts from the Time of Akhenaten, Brüssel 1938, S. 147 f.), datiert am Tag 19, 3. Monat der Peret-Jahreszeit dieses Regierungsjahres, wird der Herrscher noch mit seinem alten Namen angesprochen. Dazu: E. Hornung, Untersuchungen zur Chronologie und Geschichte des Neuen Reiches, Wiesbaden 1964, S. 79; E.F. Wente, in: Serapis 6, 1980, 209–215.

Der **neue Name des Königs** „Echnaton" wurde früher als „Glanz der Sonnenscheibe" übersetzt. H. Schäfer schlug dann die Übersetzung „Geist des Aton" vor (ZÄS 34, 1896, 166.). Ähnlich versteht auch C. Aldred, Echnaton, Gott und Pharao Ägyptens, Bergisch-Gladbach 1968, S. 201 den Namen. Dagegen übersetzt K. Sethe (ZÄS 44, 1909, 116 ff.) „es gefällt dem Aton"; die verbesserte Form dieser Übersetzung: „der dem Aton nützt"

oder „dem Aton wohlgefällig" hat sich allgemein durchgesetzt. Dazu: M. Plantikow-Münster, in: ZÄS 95, 1969, 121f. (h). Die Vokalisation „Achanjati" begründet G. Fecht, in: ZÄS 85, 1960, 88f.
Zu den **Grenzstelen**: L.G. Leeuwenburg, De grensstele's van Amarna, in: Jaarbericht van het vooraziatisch-egyptisch Gezelschap „Ex Oriente Lux" IX, 1944, 39–49; J. Vandier, Les Stèles frontières d'El-Amarna, à propos d'une nouvelle acquisition du Musée du Louvre, in: Monuments et mémoires publiés par l'Académie des inscriptions et belles-lettres (Fondation Eugène Piot) 40, 1944, 5–22. Zum Datum auf den Grenzstelen: E. Hornung, op.cit., S. 79f.; W.T. Smith, The Art and Architecture of Ancient Egypt (The Pelican History of Art, Harmondsworth 1965^2, S. 187, Fig. 63) gibt einen Übersichtsplan über die Aufstellung der Grenzstelen. Die Ausrichtung der Grenzstelen auf den Sonnenaufgang behandelt R.A. Wells, in: SAK 14, 1987, 313ff. Dazu kritisch: R. Krauss, in: Göttinger Miszellen 103, 39–44. W.J. Murnane, The „First Occasion of the Discovery" of Akhet-Aten, in: SAK 14, 1987, 239–246, sichert die Datierung der älteren Grenzstelen auf das 5. Regierungsjahr, 4. Monat der Peret-Jahreszeit, Tag 13. Der Text der Stelen ist im Anhang übersetzt. Vgl. auch Murnane, T., S. 72–86.

Die neue Kunst Amenophis' IV. Echnaton

Das künstlerische Schaffen in Relief, Plastik und Malerei aus der Zeit Amenophis' IV. Echnaton unterscheidet sich so fundamental von dem aller übrigen ägyptischen Epochen, daß man dafür den Begriff „Amarnakunst" geprägt hat. Der neue Kunststil setzte etwa im 3. Regierungsjahr plötzlich ein und brachte als erstes einen gewaltsamen Einschnitt in der traditionellen Wiedergabe des Herrscherbildes: Er manifestierte sich in den Kolossalstatuen von Karnak (s. Kap. „Die ersten Regierungsjahre in Theben und die Revolution des 4. Jahres"), welche kompromißlos und in bizarren Formen die neue religiöse Lehre verkündeten. Dabei wurde das Königsbild der vorangegangenen Epoche geradezu in sein Gegenteil verkehrt, denn statt eines athletischen und kraftvollen Herrscherbildes mit zeitlosen, idealisierten Zügen präsentierte sich die königliche Erscheinung in einer bis zur Karikatur übersteigerten Charakterisierung. Das neue Bildnis des Königs wurde auch bestimmend für die Darstellung anderer Personen, so daß von einer realistischen oder individuellen Wiedergabe etwa der Königin, der Prinzessinnen oder der Beamten nicht gesprochen werden kann.

Aufgrund der Verfolgung des Königs und seines Andenkens in späterer Zeit besitzen wir fast ausschließlich Fragmente von Kunstwerken: Keiner der Tempelbauten des Herrschers steht noch aufrecht, und die Reliefs, die sie einst schmückten, sind in so kleine Teile zerschnitten, daß der Zusammenhang der Bilder nicht gewahrt blieb. Lediglich in den Gräbern von Amarna befinden sich die Reliefs noch in ihrer ursprünglichen Anordnung. Die Flachbilder, welche alle in versenkter Technik gearbeitet sind – nur ganz am Anfang seiner Regierung ließ der König erhabene Reliefs herstellen – zeigen in lebhafter Strichführung vor allem den König und seine Familie unter der Strahlensonne. Einige dieser Bilder präsentieren uns ein harmonisches und glückliches Familienleben, wobei die Darstellungen nicht als Genreszenen verstanden werden dürfen, sondern religiös motiviert waren. Daneben finden sich bewegte Schilderungen der Natur, oder es wird die Etikette des Hoflebens anschaulich und detailreich gezeigt. Wie nie zuvor auf ägyptischen Bildern werden dabei Überschneidungen der Linien und lebhafte Bewegungen wiedergegeben, welche den heutigen Betrachter ganz besonders ansprechen.

In der Malerei, die in Amarna den Palästen und Wohnungen vorbehalten blieb, zeigt sich die neue Naturverbundenheit. Unter den geringen Resten, die uns erhalten geblieben sind, dominieren Tier- und Pflanzendarstellungen. Das hervorragendste Stück der Amarna-Malerei ist jedoch ein Fragment (40 mal 165 Zentimeter) mit der Darstellung von zwei Töchtern Echnatons, Neferneferuaton-tascherit und Neferneferure, die nackt auf ihren gestickten Kissen sitzen (Ashmolean Museum Oxford, Nr. 1993.1–41), bei der durch eine leichte Farbschattierung eine bis dahin ungewohnte Herausarbeitung der Körperhaftigkeit erreicht wurde. Neben ihnen stehen drei weitere Königstöchter, nämlich Meritaton, links davon Maketaton und rechts Anchesenpaaton. Die nackt dargestellten Prinzessinnen werden von der Mutter eng an ihr Knie gepreßt. Rechts erkennt man die mit Sandalen versehenen Füße Echnatons, der auf einem gepolsterten Sessel sitzt. Links hat Nofretete auf einem Kissen Platz genommen; sie hält das Kleinkind Setepenre auf dem Schoß. Meritaton aber streckt ihren rechten Arm zur Mutter hin, wobei ihre Finger ein Händchen von Setepenre berühren. Am linken Bildrand sieht man noch einen Diener, der sich tief verbeugt. Das Bild wirkt durch eine neue, völlig ungewöhnliche Raumaufteilung und die Intimität der Darstellung. Der gemalte architektonische Rahmen erhöht noch die plastische Anschaulichkeit. Die Farben der Gesichter und der Körper sind von duftiger, weicher Schönheit und faszinieren durch die warme Athmosphäre.

Die Grabungen in Amarna brachten zahlreiche rundplastische Werke zum Vorschein, von denen einige zu den eindrücklichsten Zeugnissen der ägyptischen Kunst gehören und die in der Regel den König, Nofretete oder die Prinzessinnen darstellen. Unter ihnen ist auch die berühmte Büste der Nofretete (heute im Neuen Museum Berlin, Inv. Nr. 21300), die als eine der prominentesten Plastiken im menschlichen Kunstschaffen überhaupt angesehen werden kann. Die bildhauerischen Werke zeigen uns, daß man auch bei der Herstellung von Statuen neue Wege ging: Erstmals unterschied man nackte und bekleidete Partien des menschlichen Körpers durch die Selektion verschiedener Gesteinssorten. Die dargestellten Figuren wurden aus einzelnen Teilen aufgebaut, wobei nicht nur verschiedene Steine, sondern auch andere Materialien, wie etwa Fayence, Verwendung fanden. Originalität und Erfindungsreichtum zeigt die Amarna-Zeit auch in der „Beschreibung durch das Bild" (Ikonographie). Neben der Schöpfung des abstrakten Atonbildes wurde etwa das Motiv des Uroboros entwickelt, das bis in die römische Zeit hinein Verwendung fand (Uroboros = Schwanzbeißer;

griechische Bezeichnung der in sich zurückgekrümmten Schlange als Bild der äußersten Weltgrenze).

Innerhalb der Amarnakunst können wir mehrere Wandlungen beobachten; so wurden die Übersteigerungen und Verzerrungen der Anfangsphase mehr und mehr gemildert, was aber nicht dahingehend interpretiert werden kann, daß der König in den Reformen Zugeständnisse an jene gemacht hätte, die seiner Lehre skeptisch gegenüberstanden.

Literatur

Wichtige **Überblicke über die Kunst der Amarnazeit**: C. Aldred, Akhenaten and Nefertiti, Brooklyn 1973; R. Fazzini, Art from Age of Akhenaten, Brooklyn 1973; Do. Arnold, The Royal Women of Amarna. Images of Beauty from Ancient Egypt, New York 1996; R. Freed – Y.J. Markowitz – S.H. D'Auria, Pharaohs of the Sun. Akhenaten – Nefertiti – Tutankhamen, Boston 1999; M. Jørgensen, Egyptian Art from the Amarna Period, Ny Carlsberg Glyptothek, Kopenhagen 2005; J.-L. Chappaz – F. Tiraditti – M. Vandenbeusch, Akhénaton et Néfertiti. Soleil et ombres des pharaons, Genf 2008. Die im Berliner Ägyptischen Museum aufbewahrten Kunstwerke sind hervorragend publiziert bei: O. Zorn, Unter Atons Strahlen. Echnaton und Nofretete. Ausgewählte Werke aus der Amarna-Zeit im Neuen Museum Berlin, Berlin 2010.

Dazu: St. Wenig, in: LÄ I, Stichwort „Amarna-Kunst", Sp. 174–181; H. Altenmüller, in: LÄ III, Stichwort „Königsplastik", Sp. 572; H. Schäfer, Amarna in Religion und Kunst, Leipzig 1931 und R. Hamann, Ägyptische Kunst, Berlin 1944, S. 234–255; eine nützliche und übersichtliche Zusammenfassung: P. Farsen, Die Amarnakunst. Statuen und Reliefs aus der Zeit der ausgehenden 18. Dynastie, München 2010.

Zur **Malerei in Amarna**: H. Frankfort, The mural Paintings of El-'Amarneh, London. 1929; E. Staehelin, Von der Farbigkeit Ägyptens, Leipzig 2000; W. V. Davies, Colour and Painting in Ancient Egypt, London 2001, S. 53–59; F.J. Weatherhead, Amarna Palace Paintings, London 2007.

Zahlreiche Arbeiten oder **Beiträge zur Amarnakunst** sind erschienen: C. de Wit, La statuaire de Tell el Amarna, Antwerpen 1950; W. Wolf, Die Kunst Ägyptens, Gestalt und Geschichte, Stuttgart 1957, S. 452–462 (Plastik) und S. 502–544 (Flachbild); K. Lange – M. Hirmer, Ägypten. Architektur, Plastik, Malerei in drei Jahrtausenden, München 1967[4], S. 106–

110; J. Yoyotte, Die Kunstschätze der Pharaonen, Genf 1968 (deutsche Ausgabe), S. 99–137; J. Samson, Amarna. City of Akhenaton and Nefertiti. Key Pieces from the Petrie Collection, London 1972; St. Wenig, Meisterwerke der Amarnakunst, Leipzig 1974; C. Vandersleyen (Hrsg.), Das Alte Ägypten (Propyläen Kunstgeschichte), Berlin 1975, S. 54–60; M. Müller, L'Art d'Amarna et de la fin de la XVIIIe dynastie, in: SAK 4, 1976, 237–253; wichtig ist der Essay von H.W. Müller, Einführung in die Kunst Amenophis' IV. Echnaton, in: Nofretete – Echnaton (Ausstellungskatalog), Mainz 1976 (nicht paginiert); K. Michalowski, Ägypten, Kunst und Kultur, Freiburg/Basel/Wien 1976[5] (deutsche Ausgabe), S. 215 ff.; M. Müller, Die Kunst Amenophis' III. und Echnatons, Basel 1988; R. Tefnin, Réflexions sur l'esthétique amarnienne, à propos d'une nouvelle tête de princesse, in: SAK 13, 1986, 255–261. W. el-Saddik, Die Königsfamilie in der Kunst der Amarnazeit, in: Tietze, Amarna, S. 257–274. Zum Kunstkanon der Zeit: P. Gilderdale, in: Göttinger Miszellen 81, 1984, 7–20.

Zur Deutung des **geschlechtslosen Kolosses von Karnak**: M. Pillet, in: Mélanges Mariette, Bibliothèque d'Etude, Institut Français d'Archéologie Orientale, Kairo 1961, 91; W. Westendorf, Amenophis IV. in Urgottgestalt, in: Pantheon 21, 1963, 269–277; ergänzend dazu E. Hornung, in: ZÄS 97, 1971, 76 f.; W. Barta, in: ZÄS 102, 1975, 91–94, Chr. Desroches-Noblecourt, in: Monuments et mémoires publiés par l'Académie des inscriptions et belleslettres (Fondation Eugène Piot) 59, 1972, 1–44; dies, in: La Revue du Louvre 1972, 1–12; Ch. F. Nims, in: JNES 32, 1973, 181–187; D.B. Redford, in: JARCE 14, 1977, 25 f.; C. Vandersleyen (CdE 59, 1984, 5–13) sieht in dem geschlechtslosen Koloß von Karnak ein Bild der Nofretete. Auch deutet er die Darstellungen des Gottes Aton nicht als Scheibe, sondern als Kugel. Nach J. Samson, Amarna. City of Akhenaten and Nefertiti, London 1972, 23 ist der geschlechtslose Koloß nicht fertiggestellt.

Die **Amarna-Reliefs**: Die Tempel und Paläste von Achetaton wurden in der 19. Dynastie – wie schon der Atontempel von Karnak (s. Kapitel „Die ersten Regierungsjahre in Theben und die Revolution des 4. Jahres") – zur Gewinnung von Baumaterial benutzt. Vor allem Ramses II. verwendete Blöcke aus Amarna für seine eigenen Tempelbauten jenseits des Nils in Hermopolis Magna. Bei der Grabung der Deutschen Orientgesellschaft in den Jahren 1929 bis 1939 in Hermopolis Magna kamen die ersten 1500 Blöcke zu Tage, die in der Regel mit Reliefdarstellungen dekoriert sind. Nach dem 2. Weltkrieg tauchten dann immer mehr Blöcke auf dem internationalen Kunstmarkt auf, die vorwiegend aus Raubgrabungen stammten. Um sie ansehnlicher zu machen, hatte man die Blöcke sogar neu bemalt. Viele dieser Reliefs befinden sich heute in öffentlichen und privaten Sammlungen Europas und Amerikas.

Zur **Fundgeschichte**: G. Roeder, Hermopolis 1929–1939, Hildesheim 1959; ders., Amarna-Reliefs aus Hermopolis, Hildesheim 1969 (Hrsg. R. Hanke). In diesem Band sind alle Blöcke der deutschen Grabungen photographisch wiedergegeben. Dazu R. Hanke, Amarna-Reliefs aus Hermopolis, Hildesheim 1978.

Die **nach Amerika gelangten Reliefs** hat zuerst J. D. Cooney publiziert (Amarna Reliefs from Hermopolis in American Collections, Brooklyn 1965). Auch in den Ausstellungskatalogen der letzten Jahre sind zahlreiche Blöcke aus Hermopolis veröffentlicht, z. B. J. Settgast u. a., Von Troja bis Amarna. The Norbert Schimmel Collection New York, Mainz 1978, Nr. 286–310.

Verstreute Literatur zu den Amarna-Blöcken: W. Barta, in: Pantheon 24, 1966, 1–9 (Reliefs der Staatlichen Sammlung Ägyptischer Kunst, München); H. Brunner, in: ZÄS 97, 1971, 12–18 (Stücke der Sammlung Pelling, Tübingen); R. Holthoer, in: Studia Orientalia (Helsinki) 43, 5, 1972, 1–8; J.-F. Aubert, in: Or 42, 1973, 479–483; C. C. Van Siclen III, La cour du IXe pylône à Karnak, in: BSFE 163, 2005, S. 27–46; C. Traunekker, Nefertiti, la reine sans nom, in: T.-L. Bergerot (Hrsg.), Akhénaton et l'époque amarnienne, Paris 2005, S. 117–134; B. Schlick-Nolte – C. E. Loeben, Talatat-Blöcke in europäischen Privatsammlungen, in: M. Schade-Busch (Hrsg.), Wege öffnen (Festschrift für Rolf Gundlach), Wiesbaden 1996, S. 270–287.

Zu den **Bildnissen der Königin Nofretete**: L. Borchardt, Portrait der Königin Nofretete aus den Grabungen 1912–13 in Tell el-Amarna (44. Wissenschaftliche Veröffentlichung der Deutschen Orient-Gesellschaft), Leipzig 1923; R. Anthes, Die Büste der Königin Nofretete, Berlin 1968[4]. D. Wildung – F. Reiter – O. Zorn, Ägyptisches Museum und Papyrussammlung, Berlin: 100 Meisterwerke, Tübingen 2010, S. 106–109.

Entdeckungsgeschichte der Nofretete-Büste: R. Krauss, in: Jahrbuch Preußischer Kulturbesitz 24, 1987, 87–124. C. Wedel, Nofretete und das Geheimnis von Amarna, Mainz 2005, S. 19–26.

Zum **Bildhauer Thutmosis**, der als Schöpfer der Büste und anderer prominenter Plastiken der Amarnazeit gilt: R. Krauss, Der Bildhauer Thutmosis, in: Jahrbuch Preußischer Kulturbesitz 20, 1983, 119–132 und J. Philipps, Sculpture Ateliers of Akhenaten, in: Amarna Letters, vol. one, Fall 1991 (KMT Communications San Francisco), 31 ff. (s. Kapitel „Die Gründung einer neuen Residenz").

Das **Kunstgewerbe der Amarnazeit**: Die Herstellung von Skarabäen, die noch in den ersten Regierungsjahren des Königs betrieben wurde (vor allem „Gedenkskarabäen": K. Simpson, in: JEA 60, 1974, 140f.), hörte in Achetaton praktisch auf. Dazu E. Hornung – E. Staehelin, Skarabäen und andere Siegelamulette aus Basler Sammlungen, Mainz 1976, S. 67. Die Amarna-Keramik behandelt: E. L. B. Terrace, in: Bulletin of the Museum of Fine Arts, Boston 62, 1964, 48–52. Zu den Glasgefäßen aus Amarna: B. Nolte, Die Glasgefäße im alten Ägypten, Berlin 1968, S. 23f. und 68ff. Wurfholz (aus Fayence) für die Prinzessin Neferneferure: C. E. Loeben, in: ASAE 71, 1987, 143–149. Wurfholz für die Königin Nofretete: G.T. Martin, in: ASAE 71, 1987, 151–152.

Das **Motiv des Uroboros** erscheint zuerst auf dem 2. Goldschrein Tutanchamuns. Dazu: Hornung, D. E., S. 189–191.

Zur **Musik**: L. Manniche, Music at Court of the Sun-Disk, in: Amarna Letters, vol. one, Fall 1991 (KMT Communications San Francisco), 62ff.

Elemente aus der Amarnadarstellung: M. Eaten-Krauss, in: CdE 56, 1981, 245–264 und R. Krauss, Nefertiti – A Drawing-Board Beauty?, in: Amarna Letters, Fall 1991, (KMT Communications San Francisco), 46ff.

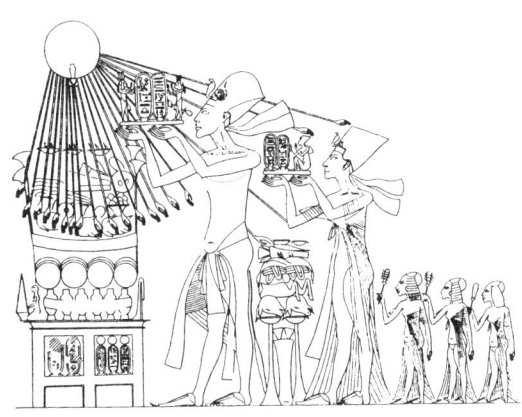

Die Krönung des Werkes

In den ersten Jahren, in denen Echnaton von seiner neuen Residenz Achetaton aus das Land regierte, wurde auch die religiöse Umwälzung folgerichtig abgeschlossen. Man kann dafür als Zeitspanne das 6. bis 12. Regierungsjahr ansetzen. Hatte der König in den ersten Phasen seiner Revolution Aton an die Spitze des Pantheons gesetzt, ihm dann später durch eine übermäßige Bevorzugung vor allen anderen Gottheiten eine einmalige Sonderstellung eingeräumt, so unterdrückte der Herrscher nun schrittweise die übrigen Götter und strebte damit zu einer immer vollkommeneren Reinheit seiner Lehre von Aton. Aus dem Gott „ohne seinesgleichen" wurde ein Gott „ohne einen anderen außer ihm", d.h. aus der henotheistischen Lehre war zum ersten Mal in der Geschichte der Menschheit eine monotheistische geworden. Ein Hymnus, der „Sonnengesang" des Echnaton, vermittelt uns gute theologische Einblicke in das neu geformte Wesen des Aton. Dieses wichtige und berühmte Literaturwerk ist in 13 langen Zeilen im Amarna-Felsgrab des Würdenträgers Aja aufgezeichnet. Im Mittelpunkt der Dichtung, die Echnaton selbst verfaßt haben soll, steht der Lobpreis Atons als des Schöpfers und Erhalters der Welt. Da die übrigen Götter und ihre Namen entfallen, finden wir in diesem Literaturwerk auch nicht mehr die mythischen Vorstellungen, welche sonst die Hymnik des Alten Ägypten auszeichnen. Sie sind durch Bilder aus der Natur ersetzt, die uns heute ganz besonders ansprechen, aber für den Ägypter damals sicher nicht den gleichen Wert hatten. Auch werden die Bezirke Nacht und Tod, die in allen übrigen religiösen Dichtungen so voller göttlicher Gestalten sind, hier nur knapp, als dem Sonnengott Aton feindlich, berührt. Das Wesen des Aton offenbarte sich ausschließlich dem König, denn „es gibt keinen anderen, der dich kennt"; nur er kannte die Forderungen und Gebote seines Gottes. Er war nicht nur Herrscher, sondern gleichzeitig Prophet des vom Volke weit entrückten Aton. Hier findet sich die alte Mittler-Rolle des Königs in letzter Konsequenz und Übersteigerung: In dieser Konstellation kam ihm eine ungeheure Machtfülle zu. So war es nur konsequent, daß die Untertanen der Amarnazeit vor Hausaltären mit dem Bild der königlichen Familie ihre Gebete verrichten. Auf Darstellungen verneigen sich die Beamten vor dem Herrscher tiefer, als man es sonst gewohnt war.

Wohl im 9. Regierungsjahr wurde ein Namenswechsel des Aton vorgenommen: Man entfernte die beiden Gottesnamen Harachte (= „Horizontischer Horus") und Schu aus der Titulatur und ersetzte sie durch die neutraleren Begriffe „Horizontischer Herrscher" und „Re der Vater". Die beiden Namen des Gottes, die in einem Königsring eingeschlossen waren, lauteten von nun an: „Es lebe Re, der horizontische Herrscher, der im Lichtland jubelt" und „In seinem Namen als Re – Vater, der als Aton kommt".

Mit dieser Namensänderung wurde also die altehrwürdige Erscheinungsform des Sonnengottes, nämlich die Falkengestalt, endgültig beseitigt. Doch gehörten Falke und Uräusschlange zu den wenigen heiligen Tieren, die auch in Achetaton geduldet wurden.

Um das Andenken der alten Götter vollständig zu tilgen, setzte – wohl nach der Namensänderung des Aton – eine regelrechte Verfolgung ein. Kolonnen von Steinmetzen wurden durch das ganze Land geschickt, die bis nach Nubien hinein vor allem das Abbild und den Namen des verhaßten Amun auszuhacken hatten. Einen besonderen Schwerpunkt bildete der Tempel dieses Gottes in Karnak: Sein Name ist dort selten unzerstört geblieben, selbst auf der Spitze von Obelisken wurde er getilgt. Aber auch andere Götter waren von der Verfolgung betroffen, selbst die Pluralschreibung „die Götter" wurde mitunter gelöscht.

Literatur

Der **Sonnengesang des Echnaton** (Großer Atonhymnus) im Amarnagrab des Aja wurde von U. Bouriant zuerst kopiert (publiziert: Mémoires publiés par les Membres de la Mission Archéologie Française au Caire I, Paris 1884, 2), dann später verbessert (U. Bouriant – G. Legrain – G. Jéquier, Monuments pour servir à l'étude du culte d'Atonou en Egypte, I, Les Tombes de Khouitatonou, Kairo 1903, S. 29 ff. mit Taf. XVI (Zeichnung) und Taf. XVII (Photo). Im Jahr 1890 wird ein Drittel des Originals von Einheimischen willkürlich zerstört. Weitere Arbeiten durch G. Daressy 1892 (Rec.Trav. 15, 1893, 45). Die maßgebende Abschrift gibt dann N. d. G. Davies, The Rock Tombs at El-Amarna, VI, London 1908, S. 18 f. und S. 29–30 mit Taf. XXVII (Zeichnung) und Taf. XLI (Photo). Nach dieser Vorlage: M. Sandman, Texts from the Time of Akhenaton, Brüssel 1938, S. 93–96 (Nr. 113). Eine Bearbeitung dieses Textes gibt J. H. Breasted in seiner Dissertation: De Hymnis in Solem sub Rege Amenophide IV conceptis, Berlin 1985.

Es existieren **zahlreiche Übersetzungen**, von denen hier nur eine Auswahl genannt werden soll: N. d. G. Davies, op. cit., S. 29–31; K. Sethe, in: H. Schäfer, Amarna in Religion und Kunst, Leipzig 1931, S. 63–70; A. H. Gardiner, Egypt of the Pharaos, Oxford 1961, S. 225–227; A. Scharff, Aegyptische Sonnenlieder, Berlin 1921, S. 61–66; J. Assmann, Ägyptische Hymnen und Gebete, Zürich/München 1975, S. 215–221 (Nr. 92); M. Lichtheim, Ancient Egyptian Literature, (Vol. II: The New Kingdom), Berkeley / Los Angeles / London 1976, S. 96–100; E. Hornung, Gesänge vom Nil. Dichtung am Hof der Pharaonen, Zürich / München 1990, S. 137–141; ders., Altägyptische Dichtung, Stuttgart 1996, S. 129–133; C. Bayer, Echnaton Sonnenhymnen, Stuttgart 2007; H. A. Schlögl, Die Weisheit Ägyptens, München 2007, S. 98–102.

Auf **Beziehungen des Sonnengesangs zum Alten Testament** wird immer wieder hingewiesen. Zu dieser Frage äußerten sich (mit reichen Literaturhinweisen) zuletzt E. von Nordheim, Der große Hymnus des Echnaton und Psalm 104, in: SAK 7, 1979, 227–251; P. Auffret, Hymnes d'Egypte et d'Israel (Orbis Biblicus et Orientalis 34), Fribourg / Göttingen 1981, S. 138 ff. und besonders J. Assmann, Akhanyati's Theology of Light and Time, in: The Israel Academy of Sciences and Humanities Proceedings, Volume VII, No. 4, Jerusalem 1992, S.166–175.

Zum **Namenswechsel des Aton**: Die Entwicklung des Gottes und seiner Namen beschreibt J. Assmann, in: LÄ I, Stichwort „Aton", Sp. 526–540 (mit ausführlichen Literaturangaben) und H. A. Schlögl, in: OEAE I, Stichwort „Aten", S. 156–158. Die Datierung der Neufassung der Atonnamen ist nicht genau gesichert, denn zwischen dem 8. Regierungsjahr (Zusatz auf den Grenzstelen!) und dem im 12. Regierungsjahr erfolgten Tribut der Fremdländer existiert kein datiertes königliches Denkmal. Auf dem Papyrus (Berlin Nr. 3040) aus der Zeit König Ramses' II. wird das Todesdatum eines Mannes angegeben: „Er starb im Regierungsjahr 9 der Ketzerei". E. Hornung (Untersuchungen zur Chronologie und Geschichte des Neuen Reiches, Wiesbaden 1964, S. 83) setzt für den Namenswechsel das 9. Regierungsjahr an. Zahlreiche Gefäßaufschriften nämlich, die vermutlich mit den Feierlichkeiten der Neufassung des Gottesnamens in Zusammenhang stehen, stammen aus diesem Regierungsjahr des Königs.

Zur **Atonreligion allgemein**: J. Assmann, Die „Häresie" des Echnaton: Aspekte der Amarna-Religion, in: Saeculum 23, 1972, 109–126; Hornung, D. E., S. 259–266; ders., in: Monotheismus im Alten Israel und seiner Umwelt (Hrsg. O. Keel), Freiburg (Schweiz) 1980, S. 84–97. Dazu auch: H. Brunner, in: LÄ IV, Stichwort „Monotheismus", Sp. 198–200; R. Anthes, Die Maat des Echnaton von Amarna (Supplement to the Journal of the American Oriental Society 14), Baltimore 1952. Vgl. dazu auch: J. Assmann, Ma'at. Weisheit, Staat und Unsterblichkeit im Alten Ägypten, München 1990; J. P. Allen, The Natural Philosophy of Akhenaten, in: W. K. Simpson (Hrsg.), Religion and Philosophy in Ancient Egypt (Yale Egyptological Studies 3), 1989, S. 89–116; E. F. Wente, in: OEAE II, Stichwort „Monotheism", S. 432–435; E. Hornung, Die neue Religion, in: Tietze, Amarna, S. 238–255; M. Gabolde, Akhenaton: Du mystère à la lumière, Paris 2005; A. Koch – B. U. Schipper, Echnatons „Monotheismus" Rezeptionen in der Wissenschaft, in: Tietze, Amarna, S. 298–305. Vgl. weiter: A. Stevens, Private Religion in Amarna. The material evidence, Oxford 2006 und B. Kern, Das altägyptische Licht- und Lebensgottmotiv und sein Fortleben in israelitisch/jüdischen und frühchristlichen Traditionen, Berlin 2006.

Den **Jenseitsglauben** behandelt: E. Drioton, in: ASAE, 1943, 15–43 und vor allem E. Hornung, Echnaton und die Sonnenlitanei, in: BSEG 13, 1989 (Gedächtnisband für R. Hari) 65–68: Das Reich Atons liegt in der Gegenwart, in der Welt des Tages. Das Totenreich des Osiris ist ausgelöscht; ders., Zur Struktur des ägyptischen Jenseitsglaubens, in: ZÄS 119, 1992, 124–130: Echnaton übernimmt die Rolle des Totengottes. Wer ihm loyal ergeben ist, bleibt im Diesseits wie im Jenseits einer, der „von Maat lebt". Ein Totenreich existiert nicht mehr.

Die **Verfolgung der alten Götter** trifft vor allem den Gott Amun. Die Feststellung von N. d. G. Davies, in: JEA 9, 1923, Anm. 2, man hätte lediglich das Wort „Amun" im früheren Namen des Königs (Amenophis) nicht getilgt, ist widerlegt durch die Untersuchung in Gebel el Silsileh (ASAE 3, 1902, 263). Es sind auch Extremfälle belegt: Die Tilgung des Gottesnamens in keilschriftlichen Briefen (J. A. Knudtzon, in: ZÄS 35, 1897, 107 f.), unter der Goldverkleidung der Säulen im Festtempel König Thutmosis' III. in Karnak (P. Lacau, in: ASAE 53, 1956, 234), auf der Spitze der Hatschepsut-Obelisken und auf den Memnonskolossen (A. Varille, in: ASAE 34, 1934, 11). In Karnak ist der Name des Amun in der Regel überall gelöscht. Dort sind aber auch andere Gottheiten von der Verfolgung betroffen: So die Götternamen **Amaunet, Hathor, Isis, Mut, Seschat, Nechbet und Uto** und die Götter **Atum, Chons, Horus, Month, Ptah, Thot** sowie die **Götterneunheit von Heliopolis** (ausgenommen hier nur Schu und Tefnut). Das Material dazu findet sich in der nicht publizierten Thèse de doctorat (Lyon 1972) von Ramadan Saad, Les martelages de la XVIIIe dynastie dans le temple d'Amon-Rê à Karnak, und bei H. G. Fischer, in: JARCE 13, 1976, 131 f. Die Darstellungen des Amun und sein Name werden in den Beamtengräbern und in den Totentempeln der thebanischen Westseite gelöscht. Besonders betroffen: der Totentempel der Königin Hatschepsut und der von Thutmosis III. Dazu: L. Borchardt, Allerhand Kleinigkeiten, meinen wissenschaftlichen Freunden und Bekannten zu meinem 70. Geburtstag am 5. Oktober 1933 überreicht. Privatdruck 1933, S. 23 und S. 48. Die **Gans des Amun** wird in den Gräbern Nr. 18 und 55 sowie im „Botanischen Garten" im Tempel von Karnak getilgt (R. Saad). Die Königsgräber im Tal der Könige bleiben dagegen von der Verfolgung verschont. Außerhalb von Theben sind Tilgungen des Amun für Elephantine im Tempel der Göttin **Satet** nachgewiesen (W. Kaiser, in: MDIK 27, 1971, 196 mit Taf. 48a) sowie für mehrere nubische Orte.

Zu den **anderen verfolgten Gottheiten**: Die Bezeichnung der Göttin Mut wird getilgt etwa im Namen des Günstlings der Königin Hatschepsut, Senenmut: A. R. Schulman, in: JARCE 8, 1969/70, 39 und 41, Nr. 14 (in Edfu mit Amun); H. Jacquet-Gordon, in: BIFAO 71, 1972, 147 f. Der Gott Chons wird außer in Karnak auch im Totentempel des Amenophis, Sohn des Hapu, gelöscht (A. Varille, in: ASAE 33, 1933, 85–94). Der Name des Gottes Month wird zusammen mit dem des Amun auf den Architraven König Sesostris' III. in Medamud ausgehackt (F. Bissan de la Roque, in: BIFAO 40, 1941, 13). Ebenfalls ausgehackt wird Ptah zusammen mit Amun im Giebelfeld der historischen Stele König Amenophis' II. in Memphis (A. Badawi, in: ASAE 42, 1943, 1 ff.). Von der Göttin Nechbet wird häufig nur der Name, gelegentlich aber auch die Gestalt getilgt (M. Dewachter, in: BIFAO 70, 1971, 86 f.). Zur Verfolgung der Göttin Seschat und des Gottes Inmutef: G. A. Wainwright, in: JEA 26, 1940, 37 mit Anm. 11 und 38. Der Name des Gottes Sobek ist z. B. im Grab des Sobekhotep ausgehackt (W. C. Hayes, The Scepter of Egypt, Bd. II, New York 1959, S. 154 mit Fig. 85). Die Tilgung der Pluralschreibung „die Götter" ist belegt bei: K. Sethe, Urkunden der 18. Dynastie (IV. Abteilung, Bd. 1), Leipzig 1914, S. 160, Z. 6; S. 162, Z. 17; S. 165, Z. 17 (alle im Tempel von Karnak); weitere Belege: J. H. Breasted, in: ZÄS 40, 1902/03, 109 sowie A. Varille, in: ASAE 36, 1936, 210 f., Anm. 4.

Das **Überdauern von Götternamen** kann nicht ohne weiteres als Beleg für eine Duldung dienen, denn eine Gleichschaltung der monotheistischen Lehre auf allen Ebenen war für Echnaton nicht durchführbar und hätte, wenn überhaupt, eine lange Zeitperiode in Anspruch genommen. Wie schwer es selbst für ein modernes, erschreckend perfekt funktionierendes totalitäres Regime ist, eine Gleichschaltung durchzuführen, soll ein Beispiel aus unserer jüngsten Vergangenheit belegen: Der von den nationalsozialistischen Machthabern verfemte jüdische Maler Lesser Ury (1861–1931), Vater des deutschen Impressionismus, wurde im allgemeinen Lexikon der Bildenden Künste „Thieme-Becker" (herausgegeben im Jahre 1940) ohne geringste Diskriminierung behandelt (vgl. J. Seyppel, Lesser Ury, Berlin 1987, S. 152). Vom gleichen Maler konnten am 30. Juni 1941 zwei Bilder in einer Auktion (Galerie Leo Spik, Berlin-Dahlem, Wildpfad 3) an einen Privatkäufer mit behördlicher Genehmigung(!) verkauft werden (J. Wulf, Die bildenden Künste im Dritten Reich, Frankfurt 1983, S. 436). Die Folgerung daraus, Lesser Ury sei von den Nazis geduldet worden, wäre jedoch verfehlt.

Wesentliche Beiträge zum **Monotheismus Echnatons**: J. Assmann, Die „Loyalistische Lehre Echnatons", in: SAK 8, 1980, 1–32; H. Brunner, Grundzüge der altägyptischen Religion, Darmstadt 1983, 35–46; J. Assmann, Ägypten – Theologie und Frömmigkeit einer frühen Hochkultur (Urban Taschenbücher 366), Stuttgart 1984, 232–285 und ders., Akhanyati's Theology of Light and Time, in: The Israel Academy of Sciences and Humanities Proceedings, Volume VII, No. 4, Jerusalem 1992, S. 143–176; E. Hornung, Echnaton. Die Religion des Lichtes, Zürich 1995.

Echnaton läßt sich als **Kind des Aton** darstellen: M. Eaten-Krauss, in: ZÄS 110, 1983, 127–132.

Traditionelle Götter in Amarna: R. Hari, Studien zur Sprache und Religion Ägyptens (Festschrift für W. Westendorf), Göttingen 1984, 1039–1055.

Allgemeines zur **Amarnareligion**: E. Brunner-Traut und H. Brunner, Osiris, Kreuz und Halbmond (Ausstellungskatalog), Mainz 1984, 82–96; S. Tawfik, Aton Studies, MDIK 37, 1981, 469–473; A. Bonioanni, Considérations sur les „noms" d'Aten et la nature du rapport souverain-divinité à l'époque amarnienne, Göttinger Miszellen 68, 1983, 43–51; M. Bilolo, De la portée revolutionaire des nouveaux noms d'Amenophis IV, Göttinger Miszellen 77, 1984, 7–12; H. Brunner, Kein Amarna-Prinz, sondern ein Gott, Göttinger Miszellen 78, 1984, 49–50; B. H. Stricker, Achnaten en zijn Hervorming, in: Het oude Verband, Amsterdam, Oxford, New York, 1984, § 1,5–10.

Die **Schabti der nicht königlichen Personen** der Amarnazeit hat G. T. Martin, in: MDIK 42, 1986, 109–129 zusammengestellt. Vergleiche dazu auch: H. A. Schlögl – M. Sguaitamatti, Arbeiter des Jenseits (Zürcher Archäologische Hefte 2), Zürich 1984², 34–41 und C. Lilyquist, in: Metropolitan Museum Journal 23, 1988, 54, Anm. 281. Dazu: H. A. Schlögl, Geschichte und Wege. Notizen zu ägyptischen Totenstatuetten und anderen Kleinfunden, Berlin 2012, S. 75–81 (Die Totenfiguren des Gottesvaters Aja).

Zur Bedeutung der **Totenfiguren Echnatons** vgl. H. A. Schlögl – A. Brodbeck, Ägyptische Totenfiguren aus öffentlichen und privaten Sammlungen der Schweiz (Orbis biblicus et orientalis, Series Archaeologica 7), Fribourg / Göttingen 1990, S. 20–22.

Die **Entmythologisierung** und die Umwandlung von Mythologie in Theologie in der Zeit Echnatons behandelt: V. A. Tobin, in: The Society for the Study of Egyptian Antiquities, Vol. XVI Nr. 1, Toronto 1986, S. 5–18.

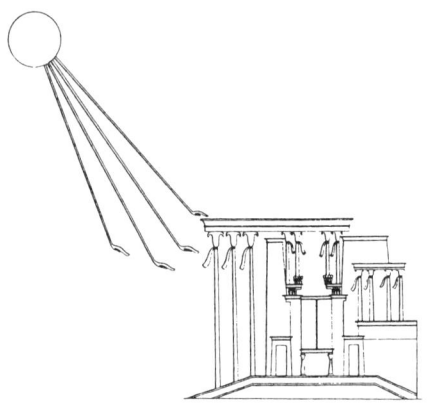

Die Verwaltung unter Echnaton

Leider wissen wir verhältnismäßig wenig über die Verwaltungsvorgänge aus der Zeit Amenophis' IV. Echnaton. Aufgrund der regen Bautätigkeit können wir aber gewisse Rückschlüsse ziehen: Neben den schon weiter oben erwähnten Bauten des Königs in Theben und Nubien waren Gründung und Aufbau der neuen Residenzstadt Achetaton in verhältnismäßig kurzer Zeit eine innenpolitische Leistung ersten Ranges. Eine so gewaltige Aufgabe hätte kaum bewältigt werden können, wenn nicht die Verwaltung des Landes und damit auch die wirtschaftliche Versorgung intakt gewesen wären. Doch die Bautätigkeit des Herrschers blieb nicht nur auf die genannten Orte beschränkt, sondern sie ist überall im Lande nachweisbar: Im Norden und Süden entstanden Kultbauten des Aton, von denen heute leider nur noch Spuren zu finden sind, weil sie der Verfolgung Echnatons und der Tilgung seines Andenkens durch nachfolgende Könige zum Opfer fielen. Einen besonderen Schwerpunkt bildete Heliopolis, die alte heilige Stadt des Sonnengottes. Vom Atontempel mit dem Namen „Der Re erhebt in Heliopolis" sind mehrere Blöcke erhalten geblieben, die mit Darstellungen versehen sind. Auch in Memphis, welches seit Beginn des Neuen Reiches Hauptgarnison des Landes war, fanden sich Blöcke des Atontempels. Chef der Verwaltung war dort Ipi, der Neffe des Vezirs Ramose. Wenn spätere Quellentexte – etwa die Restaurationsstele des Tutanchamun – von chaotischen wirtschaftlichen Zuständen während der Regierungszeit Echnatons berichten, waren diese Aussagen stark propagandistisch gefärbt und entsprachen kaum der tatsächlichen Lage. Die neuen Männer, die Echnaton an die Spitze der Verwaltung berufen hatte, scheinen ihren Aufgaben durchaus gerecht geworden zu sein und haben sicher mit den Beamten, welche die „Säuberungsaktion" des Königs überstanden hatten, gut zusammengearbeitet. Vermutlich aber war ein großer Teil der Verwaltungsbehörden des Landes nicht in Achetaton, sondern in Memphis.

Literatur

Allgemein zur **Verwaltung**: W. Helck, Zur Verwaltung des Mittleren und Neuen Reiches, Leiden/Köln 1958.
Die **Bautätigkeit** des Königs außerhalb von Theben, Achetaton und Nubien, behandelt im Überblick F. Giles, Ikhenaton, Legend and History, London 1970, S. 131–136.
Heliopolis: Vom Atontempel mit dem Namen „Der Re erhebt in Heliopolis" haben sich Fragmente erhalten: Hassan S. K. Bakry, Akhenaten at Heliopolis, in: CdE 47, 1972, 55–67 und B. Löhr, Ahanjati in Heliopolis, in: Göttinger Miszellen 11, 1974, 33–38.
In der bedeutenden Stadt **Memphis** fanden sich Blöcke eines Atontempels: B. Löhr, Ahanjati in Memphis, in: SAK 2, 1975, 139–187 und W. Helck, in: SAK 4, 1976, 119–121.
In dem etwas südlicher gelegenen **Medum** haben sich keine Spuren eines Atonheiligtums erhalten, doch weiß man, daß dieser Ort einen Atontempel gehabt hat. Dies läßt sich durch das Grab eines Feldvorstehers dieses Tempels namens Ipi belegen: R. Engelbach, Riqqeh and Memphis VI, London 1915, S. 10 f. mit Taf. 15. Zur Bedeutung des Ortes: J. Yoyotte, in: RdE 15, 1958, 87 ff.

Funde in **Medinet Gurob** (Porter-Moss IV, S. 112 ff.) zeigen besonders Denkmäler der Königinmutter Teje und lassen vermuten, daß Teje hier ihren „Witwensitz" hatte. L. Habachi, in: MDIK 20, 1965, 79–84, glaubt, daß in Gurob ein Atontempel stand und wendet sich gegen die Annahme eines „Witwensitzes" der Teje.

In **Balansura** (gegenüber von Beni Hassan) wurden Rundplastiken im Amarna-Stil eines Bürgermeisters von Neferusi und seiner Frau gefunden. Auf diesen Statuen wird der königliche Name und der einer lokalen Gottheit genannt: G. Daressy, in: ASAE 18, 1919, 53–57.

In **Antinoe** hat wohl ein Atonheiligtum bestanden, welches von Ramses II. usurpiert wurde. Fragmente davon wurden schon im vorletzten Jahrhundert durch A. Gayet gefunden, weitere dann durch italienische Grabungen (S. Donadoni, in: ASAE 39, 1939, 673–677).

In **Assiut** sind Blöcke zu Tage gekommen, welche von einem Atontempel stammen. Auf diesen erscheint die späte Namensform des Gottes. Die Blöcke wurden von Ramses II. verbaut (S. Gabra, in: CdE 6, 1931, 237–243). Auch in der Umgebung sind verbaute Blöcke nachgewiesen (A. Kamal, in: ASAE 11, 1911, 3).

In **Abydos**, dem religiösen Zentrum des Totengottes Osiris, sind nur wenige Funde nachgewiesen (Porter-Moss V, S. 49 und 54), die aber vielleicht noch aus der Zeit Amenophis' III. stammen. D.B. Redford, in: JARCE 10, 1971, 83, Anm. 19, vermutet, daß weder in Assiut noch in Abydos ein Atontempel errichtet wurde.

Ob in **Armant**, nahe bei Theben, ein Atonheiligtum bestanden hat, ist fraglich (A. Eggebrecht, in: LÄ I, Stichwort „Armant", Sp. 437).

In der Steinbruchgegend von **Assuan** konnten verschiedene Funde nachgewiesen werden (Porter-Moss V, S. 249 und 251, und L. Habachi, in: MDIK 20, 1965, 70–84).

Außenpolitik in Asien und Afrika

Weit verbreitet ist die Meinung, König Echnaton habe sich ausschließlich seinem religiösen Reformwerk hingegeben und alle außenpolitischen Vorgänge ignoriert, ja er sei aufgrund seiner religiösen Überzeugung geradezu ein Pazifist gewesen, der die Bedrohung durch das hethitische Großreich mit seinem König Suppiluliuma nicht habe erkennen wollen und der damit den Bestand Ägyptens in den bisherigen Grenzen aufs Spiel gesetzt habe. Die Quellen, die uns zur Verfügung stehen, zeichnen jedoch ein etwas anderes Bild: So spielten gerade Militärs in der Residenz von Achetaton eine nicht unerhebliche Rolle, und Schlüsselpositionen des Staates waren mit Männern besetzt, die eine militärische Laufbahn hinter sich hatten. Auch sind in den Gräbern von el-Amarna Soldatendarstellungen beliebter als in den Gräbern vorangegangener Zeiten. In allen diesen Fakten dokumentiert sich, daß Echnaton wie alle Pharaonen nicht darauf verzichtet hat, sich militärischer Macht zu bedienen.
Was nun die Beziehung zu den vorderasiatischen Ländern betrifft, so hatte Echnaton hier seinem Günstling Tutu die Verantwortung für den diplomatischen Verkehr übertragen.

Einen recht guten Einblick in die außenpolitischen Vorgänge vermitteln uns die sog. Amarna-Briefe: Es sind Tontafeln, die in den Ruinen von Achetaton gefunden wurden und die ursprünglich zum Staatsarchiv von Amenophis IV. Echnaton und seinem Vater gehörten. In ihrer überwiegenden Zahl sind diese Briefe – man hat bisher 379 Tafeln gefunden – in babylonischer Sprache und in Keilschrift geschrieben, während zwei Briefe in hethitischer und einer in churritischer Sprache abgefaßt sind. Die Datierung der einzelnen Tafeln ist problematisch, doch enthalten sie die Korrespondenz der Könige von Mitanni, von Assur und von Babylon sowie von kleineren Stadtfürsten in Syrien und Palästina mit dem ägyptischen Königshof. Nach dieser Korrespondenz stellt sich die außenpolitische Situation in Vorderasien etwa so dar: Die Hethiter unter dem König Suppiluliuma bedrohten offensiv das Reich der Mitanni, das mit Ägypten verbündet war, respektierten aber andererseits den ägyptischen Einflußbereich in Palästina und Syrien. Da das Mitannireich in seiner Gesamtheit fortbestand, hatte Echnaton keinen zwingenden Grund, militärisch einzugreifen. Eine Schaukelpolitik betrieben der Fürst Aziru von Amurru und der Fürst Aitakama von Kadesch. Amurru, ein Kleinstaat zwischen Ugarit und Byblos, gehörte wie Kadesch zum ägyptischen Einflußbereich. Aziru vor allem gab sich ausgesprochen prohethitisch und verletzte dadurch ägyptische Interessen. Wegen dieses Verhaltens wurde er in Ägypten vorgeladen, wo der Fürst aber als treuer Vasall Eindruck machte. Nach seiner Rückkehr wechselte er jedoch ganz ins hethitische Lager über, wie kurz zuvor der Fürst Aitakama von Kadesch. Der Abfall der beiden Vasallen erfolgte in der letzten Regierungsphase Echnatons. Erst nach seinem Tode büßte Ägypten die Vorherrschaft in Mittelsyrien ein, nachdem der Stadtfürst von Byblos, Ribaddi, ein treuer Anhänger Ägyptens, von seinem Thron vertrieben worden war.

In Nubien, wo Echnaton schon vom Anfang seiner Regierung an eine rege Bautätigkeit entfaltet hatte, ist ein Kriegszug gegen die Feinde vom Lande Akujati nachgewiesen. Vermutlich wurde dieses Unternehmen vom Vizekönig von Kusch, Thutmosis, durchgeführt. Das Fragment einer Siegesstele, die im Tempel von Buhen verbaut war, konnte publiziert werden. Das genaue Datum dieses Feldzuges ist nicht zu ermitteln, man kann aber das verlorene Datum am wahrscheinlichsten als 12. Regierungsjahr ergänzen. Dieses 12. Regierungsjahr brachte einen Höhepunkt in Echnatons Außenpolitik. In der Residenzstadt trafen ausländische Gesandte ein, um dem König ihren „Tribut", d. h. die Handelsprodukte ihrer Länder, zu übergeben. In der Bildwiedergabe dieses Ereignisses, etwa im Grab des Merire II., des Haushofmeisters der Königin Nofretete (der nicht mit dem gleichnamigen Hohenpriester des Aton verwechselt werden darf), sieht man den König und die Königin in einem Kiosk thronen, umgeben von ihren Töchtern und dem Hofstaat, während ägyptische Beamte die einzelnen Delegationen aus Asien und Afrika dem Herrscherpaar vorstellen.

Literatur

Zur **Asienpolitik**: Einen allgemeinen Überblick gibt W. Helck, Die Beziehungen Ägyptens zu Vorderasien im 3. und 2. Jahrtausend v. Chr., Wiesbaden 1971², S. 168–188 und W. J. Murnane, The Road to Kadesh: A historical interpretation of the battle reliefs of King Sethy I. at Karnak (Studies in Ancient Oriental Civilisation Nr. 42), Chicago 1985.
Die **Amarna-Briefe**: Eine grabende Bäuerin entdeckte die Tontafeln 1887 in der Ruine eines Gebäudes südlich des großen Atontempels in el-Amarna. (Zur Fundgeschichte: W. Wolf, Funde in Ägypten, Göttingen 1966, S. 182–193). Grabungen von F. Petrie und J. Pendlebury erbrachten weitere Tontafelfragmente. Die Tafeln sind heute über verschiedene Museen verstreut (W. Helck, in: LÄ I, Stichwort „Amarna-Briefe", Sp. 173–174). Die erste Publikation und Numerierung erfolgte durch J. A. Knudtzon (Die El-Amarna-Tafeln, 2 Bde., Leipzig 1915),

eine spätere Gesamtveröffentlichung durch S.A.B. Mercer (The Tell el-Amarna Tablets, 2 Bde., Toronto 1939). Weitere Publikationen von F. Thureau-Dangin, in: Revue d'Assyriologie 19, 1922, 91–108; G. Dossin, in: Revue d'Assyriologie 31, 1934, 125–136; C.H. Gordon, The New Amarna Tablets, in: Or 16, 1947, 1–21 (behandelt die von J. Pendlebury 1933/34 gefundenen Tontafeln); A.F. Rainey, El-Amarna Tablets 359–379, Neukirchen-Vluyn 1970. Den Versuch einer zeitlichen Ordnung der Tafeln unternehmen: K.A. Kitchen, Suppiluliuma and the Amarna Pharaos, Liverpool 1962; E.F. Campbell, The Chronology of the Amarna Letters, Baltimore 1964; D.B. Redford, History and Chronology of the Eighteenth Dynasty, Toronto 1967, S. 216 ff.; C. Kühne, Die Chronologie der internationalen Korrespondenz von El-Amarna, Neukirchen-Vluyn 1973; W.L. Moran et alii, Les lettres d'el-Amarna. Correspondence diplomatique du pharaon, Paris 1987.

Zur Schlüsselfigur **Aziru von Amurru** und seiner Politik: H. Klengel, in: Mitteilungen des Instituts für Orientforschung 10, 1964, 57–83; R. Krauss, Das Ende der Amarnazeit, Hildesheim 1981[2], S. 59 ff.; die hethitische Fassung des Vasallenvertrages von Aziru mit dem Hethiterkönig hat R. Freydank, in: Mitteilungen des Instituts für Orientforschung 7, 1960, 356–381 veröffentlicht. Zum Machtbereich Amurru: R. Giveon, in: LÄ I, Stichwort „Amurru", Sp. 251–252.

Zu **Aitakama von Kadesch**: H. Klengel, in: Das Altertum 11, 1965, 131–137; R. Krauss, op. cit., S. 63 ff.

Die Verantwortlichkeit des **Kammerherrn Tutu** für die diplomatischen Beziehungen zu Vorderasien stellt J. Janssen (CdE 26, 1951, 53 f.) heraus.

Zu **Nubien**: Zwischen dem 2. und 3. Katarakt gründete Amenophis IV. in den ersten Regierungsjahren Stadt und Tempel von **Sesebi** (Porter-Moss VII, S. 172–174). Vermutlich ist der Tempel noch für die thebanische Triade Amun, Mut und Chons entworfen. In dem Tempel finden sich auch Darstellungen anderer Götter, z.B. Osiris, Schu, Geb, Atum und des vergöttlichten Amenophis' III., sowie Amenophis' IV. und seiner Gemahlin Nofretete. Die Bilder des Königspaares wurden in der Ramessidenzeit ausgehackt. Berichte über die englische Grabung in Sesebi geben: A.M. Blackman, in: CdE 12, 1937, 190–192; ders., in: JEA 23, 1937, 145–151; H.W. Fairman, in: JEA 24, 1938, 151–154. Zu den Funden aus Sesebi, die sich im Medelhavsmuseet Stockholm befinden: B.J. Peterson, in: Or. Suec. 16, 1968, 3–15.

Der obernubische Ort **Kawa** (ägyptische Bezeichnung = Gematon) ist vermutlich ebenfalls eine Gründung Amenophis' IV. Echnaton, obwohl sich ältere Denkmäler dort gefunden haben. J.H. Breasted, in: ZÄS 40, 102/3, 106–113 und ders., in: American Journal of Semitic Languages and Literatures 25, 1908, 51 ff.; F. Giles, Ikhnaton, Legend and History, London 1970, S. 131 f.; St. Wenig, in: LÄ III, Stichwort „Kawa", Sp. 378 (nimmt Amenophis III. als Gründer der Stadt an).

Die Fragmente der **Stele**, welche den **nubischen Feldzug** schildert, sind publiziert bei H. S. Smith, The Fortress of Buhen. The Inscriptions, London 1976, S. 124–129 mit Taf. XXIX und LXXV (No. 1595). W. Helck hat die Stele neu behandelt (SAK 8, 1980, 117–126); sie ist im Anhang übersetzt.

Die Darstellung des **Fremdländertributs** ist veröffentlicht bei N. d. G. Davies, The Rock Tombs of El Amarna, Bd. II, London 1904, Taf. 57. Ebenfalls abgebildet in: C. Aldred, Echnaton, Gott und Pharao Ägyptens, Bergisch-Gladbach 1968, Abb. 44. Das Datum des Tributes behandelt ausführlich E. Hornung, Untersuchungen zur Chronologie und Geschichte des Neuen Reiches, Wiesbaden 1964, S. 83 f. C. Aldred vertritt einen extremen Standpunkt und wertet den Fremdländertribut als Beginn der Alleinregierung Echnatons nach einer zwölfjährigen Mitregentschaft (C. Aldred, op. cit., S. 142).

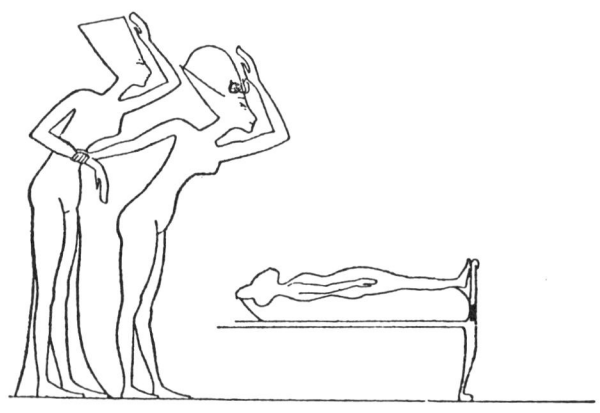

Die späten Jahre

Von einem Familienereignis berichtet uns die Grabdekoration des „Haushofmeisters" der großen Königsgemahlin Teje, Huja, allem Anschein nach aus dem 12. Jahr. Hier wird ein Staatsbankett zu Ehren der Königinmutter Teje geschildert, welche zusammen mit ihrer jüngsten Tochter Baketaton nach Achetaton kam. Ob es sich dabei um eine Visite der Teje in der Residenzstadt handelte oder ob sie von nun an ihren dauernden Wohnsitz in Achetaton nahm, kann nicht abgelesen werden, obwohl die Königinmutter dort ihre eigene „Sonnenschatten"-Kapelle erhielt.

Ab dem 12. Regierungsjahr besitzen wir nur noch vereinzelte Daten aus der Regierungszeit König Echnatons; die wenigen Fakten, die uns noch überliefert sind, stammen meist aus dem familiären Bereich, doch auch hier sind die Nachrichten nur spärlich vorhanden. So kennen wir außer den sechs Töchtern, die Nofretete geboren hat, – heute durch die DNS-Analyse nachgewiesen – einen Sohn Echnatons, dem die Königin etwa in dieser Zeit das Leben geschenkt hat, nämlich Tutanchaton (= „Lebendes Abbild des Aton").

Wohl im 14. Regierungsjahr wurde die königliche Familie von einem Trauerfall heimgesucht: So starb zuerst die kleine Prinzessin Neferneferure, dann wurde die jüngste der Töchter, Setepenre, hinweggerafft. Noch im gleichen Jahr starb die zweitälteste, die etwa zehnjährige Tochter Maketaton und wurde im Königsgrab von Amarna in einem Kindersarkophag aus Rosengranit begraben. Ein Relief zeigt uns den König und die Königin trauernd am Totenbett ihrer Tochter. In einer anderen Szene trägt eine Amme ein Kleinkind aus einem Sterbezimmer heraus; sie wird von einer Dienerin begleitet, die einen Palmwedel hält, womit wohl der Rang des Kindes unterstrichen wird. Man darf in dem Kind den kleinen Prinzen Tutanchaton sehen.

In der Peret-Zeit dieses Jahres hinterlässt ein Lehrer mit seinen Schülern ein Graffito in Sakkara (J. Malek, in: Discussion in Egyptology 32, 1995, S. 227–229), das den Besuch der Schüler an den alten Stätten für immer festhalten sollte.

In den uns zur Verfügung stehenden Quellen erscheint nach dem 14. Regierungsjahr der Name der Königin Nofretete nicht mehr. Lange Zeit hat man aus diesem Grund zahlreiche Spekulationen aufgestellt, die alle heute ad acta gelegt werden mussten. In jüngster Zeit erlebte die interdisziplinäre Erforschung der Amarnazeit mit Hilfe der Humangenetik einen ungeahnten Fortschritt. Im Jahre 2003 teilte die englische Ägyptologin Joann Fletcher mit, ihr Forscherteam habe die Mumie der Nofretete entdeckt – und zwar in der schon im Jahre 1898 von Victor Loret entdeckten Leiche einer jüngeren Frau (CG 61072) –, die zusammen mit anderen Königsmumien im Grab Königs Amenophis' II. (KV 35) versteckt gewesen war. In den Jahren 2007 bis 2009 gelang es einem internationalen Forscherteam, die in allen Lebewesen vorhandene Desoxyribonukleinsäure (=DNS), den Träger der Erbinformation, welcher die stoffliche Substanz der Gene, d.h. des Erbguts der Zellen darstellt, auch aus Mumien zu identifizieren. Die Wissenschaftler schickten sich an, in einem speziell eingerichteten Labor in Kairo die DNS der erhaltenen Königsmumien der 18. Dynastie zu erforschen. Die Ergebnisse sind veröffentlicht: Z. Hawass et alii, Ancestry and Pathology in King Tutankhamun's Family, in: Journal of American Medical Association 303 (7), 2010, 638–647. Allerdings ist die Zuschreibung der Mumie CG 61074 an König Amenophis III. ein gravierender Fehler gewesen, der die sonst exakte DNS-Analyse verzerrt.

Jedoch konnten durch diese Forschung die sterblichen Überreste der Nofretete einwandfrei identifiziert werden. Die Mumie CG 61072 aus dem Grab KV 35, früher als „Jounger Lady" bezeichnet, ist in Wirklichkeit der Leichnam der Großen Königsgemahlin Echnatons. Nach dem Befund der Mumie ist Nofretete durch einen tragischen Unfall ums Leben gekommen. Sie war die Tochter des „Gottesvaters" Aja und dessen Frau Teje-Tjj, die ursprünglich Taemwadjesi hieß, und die jüngere Schwester der „Großen Königsgemahlin" Teje war.

Aufgrund der Weisungen, die Echnaton für sein und seiner Königin Begräbnis auf den Grenzstelen gegeben hat, darf angenommen werden, daß die verstorbene Nofretete ebenso wie die toten Prinzessinnen im königlichen Familiengrab beigesetzt wurde. Unter den wenigen noch erhaltenen Inschriften im Grab tritt der Name der Königin Nofretete überraschend oft hervor, was auch auf ihr Begräbnis an dieser Stätte hinzuweisen scheint.

Nofretete, die Größe und Macht und die Göttlichkeit mit Echnaton geteilt hatte, hinterließ ein Vakuum, in das die beiden Prinzessinnen Meritaton und Anchesenpaaton eintraten, die zu Königsgemahlinnen erhoben wurden. Kinder aus diesen Vater-Tochter-Ehen, welche aus Staatsräson geschlossen wurden, haben nie existiert, auch wenn dies in älteren Publikationen unterstellt wurde. Wolfgang Helck hat sie mit Recht als „Phantomkinder" bezeichnet.

Nach dem Tode der Nofretete trat eine königliche Gemahlin in den Vordergrund, die wir unter dem Namen Kija kennen. Diese Kija war zuvor niemals in Erscheinung getreten, und es existieren von ihr keine gesicherten Abbildungen aus der Zeit, als die Große Königsgemahlin Nofretete noch lebte. Sie hat Echnaton mindestens eine Tochter geschenkt, die den Namen Meritaton-tascherit, also Meritaton die Jüngere, trug. Den Titel einer „Großen Königsgemahlin" erhielt Kija nicht, sondern sie mußte sich mit der Bezeichnung „Königsgemahlin" und „Große Geliebte" begnügen. Auch wurde ihr Name niemals in einer Kartusche eingeschlossen. Auf ihren späteren Abbildungen kann man sie gut erkennen. Sie trägt gerne die sogenannte „nubische Perücke". Dabei sind die Haare fünfstufig abgesteppt, ihre Enden laufen schräg nach vorne, berühren manchmal fast die Schlüsselbeine, lassen aber den Nacken weitgehend frei. Kija schmückte sich zudem mit scheibenförmigen Ohrringen.

Das 16. Regierungsjahr brachte für Ägypten eine äußerst angespannte außenpolitische Lage, die in den Angriffen der Hethiter auf die nördlichen Provinzen des Nillandes gipfelte. In dieser Zeit starb Echnaton zu Beginn seines 17. Regierungsjahres, im 2. Monat der Achet-Jahreszeit. Nach dem Julianischen Kalender kann man das Sterbedatum zwischen dem 22. August und dem 20. September ansetzen. Seine Bestattung fand im königlichen Felsgrab von Achetaton statt. Echnatons Granitsarkophag, in zahlreiche Einzelteile zerbrochen, steht heute rekonstruiert im Museumsgarten von Kairo. An jeder der vier Ecken des Sarkophags sieht man in halbplastischer Ausführung die Gestalt der Nofretete unter der Sonne Atons, welche in ihrer göttlichen Eigenschaft den Gemahl schützend umfängt. Sie hatte also den Rang inne, den früher die Göttinnen Isis, Nephthys, Neith und Selkis eingenommen hatten.

Der Tod Echnatons brachte viele Probleme: Der legitime Erbe Tutanchaton war noch ein Kleinkind. Die machtbewußte Kija, die Echnaton nachweislich überlebte, strebte als Königinwitwe an die Macht. Dies wollten die älteste Tochter Echnatons, Meritaton und ihr Großvater mütterlicherseits, Aja verhindern. Kija aber versuchte indessen nicht nur den Thron an sich zu reißen, sondern bemühte sich gleichzeitig, ihren Anspruch durch einen Ausgleich mit den Hethitern zu untermauern. So sandte sie eine Botschaft an den Hethiterkönig Suppiluliuma I., ein Ereignis, das unter dem ägyptischen Königinnentitel als Tahamunzu – Affäre (t^3 ḥmt nsw) bekannt ist. Die wichtigste Quelle für das Ereignis bilden mehrere Schriftstücke aus dem hethitischen Staatsarchiv, dessen prominentestes „die Mannestaten des Suppiluliuma" heißt. Der spätere hethitische König Mursilis II. hat den Text verfaßt, in dem man liest:

„Im Lande Kadesch, das mein Vater erobert hatte, erschienen die Infanterie und die Kavallerie Ägyptens und griffen das Land Kadesch an… Als aber die Ägypter vom Angriff auf (die ägyptische Provinz) Amka erfuhren, bekamen sie Angst. Und da zudem ihr König Napchurchria (= Nfr-chprw-Rˁ) verstorben war, schickte die Königin Ägyptens, die Königsgemahlin, einen Boten zu meinem Vater und schrieb ihm wie folgt: „Mein Gemahl ist tot, und ich habe keinen Sohn. Aber man sagt mir, daß du viele Söhne hast. Wenn du mir einen deiner Söhne schickst, könnte er mein Gemahl werden. Ich bin nicht geneigt, einen Diener zu nehmen und ihn zu meinem Gatten zu machen…"

König Suppiluliuma stellte zunächst Erkundigungen über die Lage an, dann sandte er seinen Sohn Zannanza an den Nil.

Literatur

Zur **Königin Nofretete**: Die russische Monographie von M. E. Mat'e, Vo vremena Nefertiti, Moskau 1965, behandelt die ganze Amarnaperiode, eingeschlossen die Regierungszeit Tutanchamuns. E. Brunner-Traut, in: LÄ IV, Stichwort „Nofretete", Sp. 519–521, in welchem verstreutes, älteres Literaturmaterial zusammengetragen ist. M. Eaton-Krauss, in: OEAE II, Stichwort „Nefertiti", S. 513–514. R. Krauss, Nefertitis Ende, in: MDIK 53, 1997, S. 209–213. Nofretetes Anteil an Herrschaft und Göttlichkeit erscheint in einem Exkurs bei R. Krauss, Das Ende der Amarnazeit (Hildesheimer ägyptologische Beiträge 7), Hildesheim 1981², S. 96–110. Zur Bestattung der Königin Nofretete in Achetaton der Artikel von C. E. Loeben, in: MDIK 42, 1986, 99–107. J. Samson, Nefertiti and Cleopatra, Queen-Monarchs of Ancient Egypt, London 1985; J. Tyldesly, Nefertiti: Egypt's Sun Queen, New York 1998; H. A. Schlögl, Nofretete. Die Wahrheit über die schöne Königin, München 2012 (mit der im Jahre 2011 erstellten Dresdener DNS-Analyse des Königshauses von Amarna), S. 118.

Das **7. Kind** der Nofretete ist **Tutanchaton**: M. Gabolde, D'Akhenaton à Toutankhamen, Lyon 1998; ders., in: Grimm-Schoske, S. 24–27; A. Grimm – H. A. Schlögl, Das thebanische Grab Nr. 136 und der Beginn der Amarnazeit, Wiesbaden 2005, S. 34–38; H. A. Schlögl, Echnaton, München 2008, S. 83–85; durch die DNS-Analyse ist die Mutterschaft Nofretetes für den einzigen Sohn, Tutanchaton, gesichert. Vgl. H. A. Schlögl, Nofretete. Die Wahrheit über die schöne Königin, München 2012, S. 86 ff. und 118.

Zur **Nebengemahlin Kija**: R. Hanke, Bild- und Inschriftänderungen der Amarna-Zeit, in: SAK 2, 1975, 79–93 und W. Helck, in: LÄ III, Stichwort „Kija", Sp. 422–424 (mit ausführlichen Literaturhinweisen) sowie R. Krauss, Kija – ursprüngliche Besitzerin der Kanopen aus KV 55, in: MDIK 42, 1986, 67–80; N. Reeves, New light on Kiya from Texts in the British Museum, in: JEA 74, 1988, 91–101; ders., The Complete Tutankhamun: The King, the Tomb, the Royal Treasure, London 1990, S. 24–25. Do. Arnold, The Royal Women of Amarna, New York 1996, S. 14–15; W. Helck, Grab Nr. 55, S. 29–67; M. Gabolde, Das Ende der Amarnazeit, in: Grimm-Schoske, S. 18 ff.; Tyldesley, Queens, S. 135–136; H. A. Schlögl, Echnaton, München 2008, S. 86–89. Zum Namen Kija: T. Schneider, Asiatische Personennamen in ägyptischen Quellen des Neuen Reiches, Fribourg/Göttingen 1992, S. 207–209.

Zu den **Prinzessinnen** allgemein und dem Problem der Datierung: E. Hornung, Untersuchungen zur Chronologie und Geschichte des Neuen Reiches, Wiesbaden 1964, S. 80 mit Anm. 13; R. Krauss, Das Ende der Amarnazeit, op.cit., S. 111 sowie W. Helck, in: MDIK 37, 1981, 207, Anm. 1, sowie L. Green, Queens and princesses of the Amarna Period: The social, political, religious and cultic role of the women of the royal family at the end of the eighteenth dynasty, Toronto 1988; Do. Arnold, The Royal Women of Amarna, New York 1996, S. 10–14; Dodson/Hilton, S. 142–150 und Tyldesley, Queens, S. 133–134.

Zu **Meritaton**: D.B. Redford, in: LÄ IV, Stichwort „Meritaton", Sp. 90–91 und zur drittältesten Tochter **Anchesenpaaton**: W. Seippel, in: LÄ I, Stichwort „Anchesenpaaton", Sp. 262–263; Tyldesley, Queens, S. 136f.

In ihrer Arbeit (**Nefertiti and Cleopatra, Queen-Monarchs** of Ancient Egypt, London 1985) hat J. Samson nach dem Tode Echnatons eine Alleinregierung der Nofretete unter dem Namen „Anchcheperure Semenchkare" angenommen. Für diese Spekulation konnten aber keine stichhaltigen Beweise vorgelegt werden.

Zur Frage der **Tochterehen** gibt R. Krauss, op. cit, S. 114, Anm. 3 weitere Literaturhinweise. Aus der Tochterheirat mit Anchesenpaaton soll die Enkelin Anchesenpaaton die Jüngere entstammen (z.B. H. Brunner, in: ZÄS 74, 1938, 104ff.). Nach R. Krauss war Echnaton mit Meritaton verheiratet und ist Vater von Meritaton der Jüngeren (op.cit., S. 114ff.), die von anderen Autoren als Tochter des Semenchkare angesehen wird. Nach J. Harris, in: CdE 49, 1974, 30, Anm. 6 stammen beide Kinder von der Nebengemahlin Kija.

An der Existenz der **Enkeltöchter** Meritaton der Jüngeren und Anchesenpaaton der Jüngeren zweifelt Chr. Meyer, in: SAK 11, 1984, 85–90.

Zu **Maketaton**: W. Helck, in: LÄ IV, Stichwort „Maketaton", Sp. 22–23 (mit weiteren Literaturhinweisen). R. Krauss nimmt auch eine Ehe Echnatons mit seiner zweitältesten Tochter an (Tutanchamun, Ausstellungskatalog, Mainz 1980, S. 39 und R. Krauss, Das Ende der Amarnazeit (Hildesheimer ägyptologische Beiträge 7), Hildesheim 1981², S. 115, Anm. 2). Strichzeichnungen von den Reliefs der Totenklage aus dem königlichen Grab von el-Amarna sind publiziert bei: C. Aldred, Echnaton, Gott und Pharao Ägyptens, Bergisch-Gladbach 1968, Abb. 87.

Das **Grab des Huja** befindet sich in Amarna (Nr. 1 in Porter-Moss IV). Strichzeichnungen der Grabreliefs vom Bankett für die Königinmutter Teje sowie von ihrer Einführung in die „Sonnenschatten"-Kapelle sind ebenfalls veröffentlicht bei C. Aldred, op.cit., Abb. 103 und 104. Gegen den „Witwensitz" der Teje in Gurob hat sich L. Habachi, in: MDIK 20, 1965, 82 ausgesprochen. Im Königsgrab von Amarna wurden Bruchstükke von Tejes Sarkophag gefunden: G.T. Martin, The Royal Tomb at El-Amarna I, The Objects, London 1974, S. 27f. und 88f. Also wurde sie dort beigesetzt.

Zum **Sarkophag Echnatons**: G. T. Martin, op. cit, Plate 6–15.
Zum **Ende der Regierung** Echnatons: Neben den entsprechenden Kapiteln in den Monographien vor allem: E. Hornung, Untersuchungen zur Chronologie und Geschichte des Neuen Reiches, Wiesbaden 1964, S. 79–94; D. B. Redford, History and Chronology of the Eighteenth Dynasty of Egypt, Toronto 1967, Kapitel 6: The Coregency of Akhenaten and Semenkhkare; R. Krauss, Das Ende der Amarnazeit (Hildesheimer ägyptologische Beiträge 7), Hildesheim 1981², S. 118ff., (Zusammenfassung der historischen Ereignisse); W. Helck, Probleme der Königsfolge in der Übergangszeit von der 18. zur 19. Dynastie, in: MDIK 37, 1981, 207–215 (sieht in Kija die überlebende Königin. Belege dazu Helck, Grab 55, S. 43–51).

Die provokative Körperdarstellung Echnatons

Auch in bezug auf seine Körperverfassung schenkte man keinem König des Alten Ägypten soviel Aufmerksamkeit wie Amenophis IV. Echnaton, obgleich die Mumie des Herrschers, die allein eine Antwort auf die biologischen Fragen geben könnte, bis zum heutigen Tage unentdeckt geblieben ist. (Die Zuschreibung der Mumie von KV 55 an Echnaton wird durch die Dresdener DNS-Analyse widerlegt, s. Kapitel „Meritaton und Semenchkare"). Die Diskussion darüber wurde vor allem durch den „expressionistischen" neuen Kunststil angeregt, der Echnaton – aber nicht nur ihn – in übersteigerten Formen wiedergibt.
Bereits im 19. Jahrhundert sah A. Mariette in Amenophis IV. einen Eunuchen und verband damit eine phantastische Geschichte, daß der König in kuschitischer Gefangenschaft kastriert worden sei. E. Lefébure wollte den König als eine Frau in Männerkleidern identifizieren.
Medizinische Deutungen der Bilddarstellungen und Untersuchungen an der vermeintlichen Mumie Semenchkares wurden auf Echnaton ausgedehnt, und man bescheinigte

dem König, er habe am sog. Fröhlich- Syndrom (Dystrophia adiposogenitalis) und Hydrozephalus (Wasserkopf) gelitten. C. Aldred, der diese Diagnosen in seine Echnaton-Monographie übernommen hat, beschreibt die Symptome: „Bei männlichen Patienten, die an dieser Störung leiden, zeigt sich die Korpulenz oft in der gleichen Weise wie bei Echnaton. Ihre Genitalien bleiben unterentwickelt und können so in Fettpolster eingebettet sein, daß man sie nicht mehr bemerkt. Die Fettleibigkeit mag einen unterschiedlichen Grad erreichen, doch stets verteilt sich das Fett in der Brust-, Bauch-, Scham-, Schenkel- und Gesäßpartie, wie es für den weiblichen Habitus typisch ist. Die unteren Gliedmaßen dagegen pflegen dünn zu sein."

Auch die Bilddarstellungen der Töchter Echnatons wurden in die medizinische Auslegung einbezogen. Die bei allen sechs Prinzessinnen wiedergegebene eigentümliche Kopfform („Blasenschädel") wird gelegentlich als ein vom Vater ererbter, krankhafter Zug gedeutet. Andererseits findet sich die Annahme, die Köpfe seien künstlich deformiert worden.

Die Ägyptologie hat sich von diesen medizinischen Überlegungen und Deutungen entschieden getrennt, weil sie letztlich einer gesicherten Basis entbehren und in den Bereich der Spekulation gehören.

Die provozierenden Königsdarstellungen gehören ganz in den religiösen Bereich Echnatons (s. Kapitel „Die neue Kunst Amenophis' IV. Echnaton"): Sie waren Bildwerke, die ihn als Lebensschöpfer, als Vater und Mutter seiner Untertanen propagierten. Atons Lehre vom Leben wurde darin künstlerisch zum Ausdruck gebracht.

Literatur

Medizinische Deutungen des **19.** Jahrhunderts: A. Mariette, in: Bulletin Arch. 1855, 57; E. Lefébure, in: PSBA 13, 1890/91, 479–483.
Medizinische Deutungen des **20.** Jahrhunderts: G. E. Smith, The Royal Mummies, Kairo 1912, S. 55 (stellt bei der vermeintlichen Mumie Semenchkares Hydrozephalus fest); P. Proskauer, Zur Pathologie der Amarna-Zeit, in: ZÄS 68, 1932, 114–119; E. M. Guest, Pathology and Art at el-Amarna, in: Ancient Egypt, 1933, S. 81–88; P. Ghalioungui, A Medical study of Akhenaten, in: ASAE 47, 1947, 29–46; M. Pillet hat seinen Artikel 1929 abgefaßt, aber erst 1950 publiziert: A propos d'Akhenaton, in: RdE (Cahier complément) 1950, 63–82. Der Autor wendet sich gegen die Diagnose „Hydrozephalus" und denkt an die Verformung der Köpfe im Kindesalter, wie bei den Mangbetu. C. Aldred – A. T. Sandison, The Pharao Akhenaton: A Problem in Egyptology and Pathology, in: Bull. Hist. of Medicine (Baltimore) 36, 1962, 293–316 (an der Mumie Semenchkares wird Endokrinopathie, Hypogonadismus und Adipositas diagnostiziert); L. Schott, Sechsfache Vaterschaft oder Zeugungsunfähigkeit? Zur Diskussion um die Endokrinopathie des Pharaos Amenophis' IV., Biologische Rundschau 9, 1971, 30–36 (stellt Riesenwuchs einzelner Körperteile von unsicherer Entstehung fest); J. E. Harris – K. R. Weeks, X-Raying the Pharaos, London 1973, S. 147 (können Anzeichen eines Hydrozephalus an der Mumie Semenchkares nicht unterstützen). Echnaton-Monographien, welche von der medizinischen Deutung beeinflußt sind: C. Aldred, Echnaton, Gott und Pharao Ägyptens, Bergisch-Gladbach 1968 und F. Giles, Ikhenaton, Legend and History, London 1970 und L. Diener, in: Nordisk Medicinhistorik Arsbok, Stockholm 1978, 29–41.
Zu den **Prinzessinnen**: K. Gerhard, Waren die Köpfchen der Echnatontöchter künstlich deformiert?, in: ZÄS 94, 1967, 50–62.
Echnaton war weder ein kranker Mann, noch hat er etwa als Kind diese religiöse Revolution durchgeführt: E. Hornung, Die Religion des Lichtes, Zürich 1995, S. 24–27.

Meritaton und Semenchkare

Inzwischen hatte Meritaton die Zeit genutzt und die Macht ergriffen. Die neue Königin nahm den Thronnamen Anchetcheperure (= „die mit lebendigen Gestalten, ein Re") an mit dem Zusatz Merit-waenre, das heißt „Geliebte des Einzigen des Re". Mit dieser Bezeichnung ist ihr Vater Echnaton gemeint, der auch nach seinem Tod herrschen sollte. Als zweiten Namen wählte Königin Meritaton den Namen ihrer Mutter „Der Vollkommenste ist Aton".

Das Grab (KV Nr. 55) des Semenchkare, des späteren Gatten der Meritaton, und dessen Mumie wurde 1907 im Tal der Könige gefunden und wird heute im Kairener Museum aufbewahrt (CG 61075). Die Ausgräber fanden die männliche Leiche, die ein Sterbealter von 20–25 Jahren aufwies, in einem königlichen Sarg, der einst für König Echnaton angefertigt worden war, dessen Namen aber auf den beschrifteten Goldbändern behutsam getilgt waren, als man den Sarkophag neu verwendete. Allerdings blieb der Name, welcher auf die darin bestattete Mumie weist, erhalten: „Du blickst auf den Geliebten des Einzigen des Re" (d. h. Semenchkare). Aus diesem Grunde schon darf die Zuschreibung an ihn heute absolut sicher gelten, denn die Vermutung, daß Echnaton selbst der Tote sei, ist nach der Dresdener DNS-Analyse nicht länger aufrecht zu halten. Wir wissen heute, daß Semenchkare der Sohn des Aja war und damit der Bruder von Nofretete. Daß er am Hof von Achetaton überhaupt nicht in Erscheinung trat, wird durch den Grabungsfund von Boyo G. Ockinga erklärt, der in der Nachbarschaft von Achmim das Grab des „Kronprinzenerziehers" Sennedjem fand, der Tutanchaton als Thronfolger unterrichtet hat. Der politisch mächtige Aja hielt seine schützende Hand wohl über seine Enkelin Meritaton und er unterstützte sie in jeder Weise. Später verheiratete er sie mit seinem Sohn Semenchkare, der als König den Namen seiner Gemahlin Meritaton in maskuliner Form „Anchcheperure, der Geliebte des Einzigen des Re" übernahm, dazu den Namen seiner Schwester Nofretete, Neferneferuaton („der Vollkommenste ist Aton").

Königin Kija, die jenen verhängnisvollen Brief an den hethitischen König geschrieben hatte, verschwand aus dem öffentlichen Leben. Was aus ihr und ihrer Tochter geworden ist, wissen wir nicht. Vermutlich fanden sie einen gewaltsamen Tod. König Suppiluliuma I. hatte seinen Sohn Zannanza nach Ägypten geschickt, dieser aber fiel auf dem Weg dahin einem Mordanschlag zum Opfer. Der Mord an seinem Sohn war für Suppiluliuma übrigens das Signal, militärisch offensiv gegen Ägypten vorzugehen; die kriegerischen Auseinandersetzungen mit den Hethitern, die daraus folgten, trafen nicht nur das Mitanni-Reich entscheidend, sondern brachten schließlich auch Ägypten um die Vorherrschaft in Asien.

Semenchkare war nur eine kurze Herrschaft beschieden: Bezeugt sind Denkmäler bis zu seinem 3. Regierungsjahr. Königin Meritaton scheint noch vor ihm den Tod gefunden zu haben, denn bereits während der Regierung von Semenchkare tritt eine weitere Tochter Echnatons namens Anchesenpaaton / Anchesenamun hervor, die dann als Gattin von König Tutanchaton / Tutanchamun berühmt geworden ist.

Literatur

Zu **Sarkophag und Mumie aus dem Grab KV Nr. 55** im Tal der Könige: Porter-Moss I, Part 2, S. 565ff. und G. Perepelkin, The Secret of the Gold Coffin, Moskau 1978 und Y.Y. Perepelkin, Kija und Semenchkare, Moskau 1979 (in russischer Sprache); C. Aldred, Echnaton, Gott und Pharao Ägyptens, Bergisch-Gladbach 1968, S. 153–193, gibt eine ausführliche Beschreibung der Fundumstände sowie der verschiedenen Untersuchungen und Zuschreibungen der Mumie. Dazu: R. Germer, Mumien, Zeugen des Pharaonenreiches, Zürich / München 1990, 58 f. und E. F. Wente – J. E. Harris, Royal Mummies of the Eighteenth Dynasty: A Biological and Egyptological Approach, in: C. N. Reeves (Hrsg.), After Tut'ankhamun, Research and Excavation in the Royal Necropolis at Thebes, London 1992, S. 2–20; Grimm-Schoske beschreiben ausführlich die in der Ägyptischen Sammlung München vorgenommene Restaurierung des Goldsarges. Dazu auch grundlegend: Helck, Grab 55.

Die **verwandtschaftlichen Beziehungen Semenchkares** zum Königshaus sind durch die Dresdener DNS-Analyse geklärt: H. A. Schlögl, Nofretete. Die Wahrheit über die schöne Königin, München 2012, S. 118.

Zu den **Darstellungen** und zum eventuellen **Grabschatz** Semenchkares: G. Roeder, Thronfolger und König Semench-ka-Re (Dynastie XVIII), in: ZÄS 83, 1958, 43–74. (Die Zuschreibungen erfolgen teilweise ohne Bewcise).

Zu den **königlichen Namen** Semenchkares: P. Munro, Die Namen der Semench-Ka-Re's, in: ZÄS 95, 1969, 109–116 und R. Krauss, Das Ende der Amarnazeit, Hildesheim 1981[2], S. 84–95; O. Goldwater, A cartouche of Semenkhkare from Canaan, in: Göttinger Miszellen 115, 1990, 29–32.

Die höchste **belegte Regierungsdauer** von König Semenchkare ist behandelt bei: J. Cerny, Three Regnal Dates of the Eighteenth Dynasty, in: JEA 50, 1964, 37–39.

Weitere Literatur: P. E. Newberry, Akhenaten's Eldest Son-in-Law Ankhkheprure, in: JEA 14, 1928, 3–9; A. H. Gardiner, The Graffito from the Tomb of Pere, in: JEA 14, 1928, 10–11. Schneider, LP, S. 407–410.

Die Überlieferungen aus dem **hethitischen Staatsarchiv** sind veröffentlicht bei: H. G. Güterbock, The Deads of Suppiluliuma as Told by His

Son, Mursili II, in: Journal of Cuneiform Studies 10, 1956, 41–68, 78–98, 107–130; ders., Mursili's Accounts of Suppiluliuma's Dealing with Egypt, in: Revue Hittite et Asianique 18, 1960, 57–63. Eine Übersetzung des Textes ist erschienen in: Ancient Near Eastern Text Relating to the Old Testament (Hrsg. von J.B. Pritchard), Princeton 1969³, S. 319.

Die Witwe des Königs Tutanchamun, Anchesenamun, könnte vielleicht den **Brief an Suppiluliuma** geschrieben haben. Die Argumente dafür und wichtige Literaturangaben sind zusammengefaßt bei: E. Hornung, Untersuchungen zur Chronologie und Geschichte des Neuen Reiches, Wiesbaden 1964, S. 92–93. Für Meritaton als Verfasserin hat sich R. Krauss, Das Ende der Amarnazeit, Hildesheim 1981² entschieden, und W. Helck hat in: MDIK 37, 1981, 207–215, die Nebengemahlin Kija als die Briefschreiberin genannt. Vgl. auch Helck, Grab 55, S. 38 ff.

Zu **Manetho** und seiner Überlieferung: Allgemein H.-J. Thiessen, in: LÄ III, Stichwort „Manetho", Sp. 1180–1181. Die ägyptischen Könige nach Manetho in den verschiedenen Versionen sind behandelt bei: W. Helck, Untersuchungen zu Manetho und den ägyptischen Königslisten, Leipzig/Berlin 1956. Speziell zu Manetho-Überlieferungen zur späten 18. Dynastie: R. Krauss, Das Ende der Amarnazeit, Hildesheim 1981², S. 19 ff.

Tutanchaton / Tutanchamun und das Ende der Residenz in Achetaton

Nachfolger Semenchkares auf dem königlichen Thron war Tutanchaton, der sich später Tutanchamun nannte (1332–1323). Wie schon bei Semenchkare sind durch die DNS-Analyse seine verwandtschaftlichen Beziehungen zum Königshaus absolut gesichert. Aus der Zeit vor seiner Thronbesteigung gibt es nur wenige Zeugnisse seines Namens, etwa den auf einem Steinblock, der aus Achetaton stammt, aber später in Hermopolis verbaut wurde: Er wird dort als „leiblicher Sohn des Königs" bezeichnet. Marc Gabolde konnte im königlichen Familiengrab eine Szenenbeischrift neu ergänzen. Dargestellt ist die Amme des kleinen Prinzen, den diese auf dem Arm hält. Ein Hofbeamter verbeugt sich tief vor dem Kind, was dessen Rang als künftigen König unterstreicht. Die Beischrift lautet: „Der leibliche Königssohn, den er liebt, Tutanchaton, geboren von der Großen Königsgemahlin Neferneferuaton, die leben möge für immer und ewig". Hier wird textlich nochmals das Ergebnis der DNS-Analyse unterstrichen: Tutanchaton ist zweifelsfrei der leibliche Sohn von Echnaton und Nofretete.

Bei seiner Thronbesteigung nahm der jugendliche König folgende Titulatur an: Horusname „Starker Stier, mit vollkommenen Geburten", Nebti-Name „Mit vollkommenen Gesetzen, der die Beiden Länder zur Ruhe bringt", Goldname „Der die Kronen erhebt und die Götter befriedet", Nesut-Biti-Name Nebcheperure = „Herr an Gestalten, ein Re" und schließlich sein Geburtsname Tutanchaton = „Lebendiges Bild des Aton". In dieser Namenstitulatur des jungen Königs wird das Regierungsprogramm deutlich betont: Man verfolgte jetzt eine Politik der vorsichtigen Restauration, ein Nebeneinander der alten Götter mit Aton, welcher aber immer noch eine führende Rolle spielte. Zentrum des Landes blieb zunächst weiter Amarna (Achetaton), wo auch Tutanchaton mit seiner großen königlichen Gemahlin Anchesenpaaton residierte.

Im 2. oder 3. Regierungsjahr nahm der König – noch in Achetaton – eine Änderung seines Namens vor und zwar dergestalt, daß sein Geburtsname von jetzt ab Tutanchamun lautete. Ebenso nannte seine Königin sich nicht mehr Anchesenpaaton, sondern Anchesenamun. Kurze Zeit später verließ der junge Herrscher die Residenzstadt von Amarna und zog mit seinem Hof nach Memphis. Die Häuser von Achetaton, die erst wenige Jahre zuvor erbaut worden waren, wurden versiegelt, denn es bestand vielleicht die Möglichkeit einer Rückkehr. Die angelegten Felsengräber blieben unbelegt. Die Aufgabe dieser Stadt, die nur für ganz kurze Zeit das Zentrum Ägyptens gewesen war, erfolgte sicherlich nicht nur aus religiösen Gründen, sondern vor allem aus politischen Gegebenheiten. Schon die Wahl von Memphis als neuer Hauptstadt zeigt, daß etwa von einem Druck der Amunpriesterschaft auf den König nicht gesprochen werden kann, denn dann wäre wohl wieder Theben, die Hochburg des Amunkultes, als Residenzstadt gewählt worden. Memphis dagegen, geographisch günstig zwischen Ober- und Unterägypten gelegen, war seit dem Neuen Reich ein Zentrum des Militärs. Vermutlich also war der Residenzwechsel auch ein Ausdruck der schwieriger gewordenen außenpolitischen Lage. Im Palast Thutmosis' I., Aacheperkare (1504–1491 v. Chr.), in Memphis erließ der König jenes Dekret, dessen Text uns auf der sog. Restaurationsstele erhalten ist (s. Anhang): Hierin wird die jüngste Vergangenheit als eine Zeit der Krankheit für das Land bezeichnet. Die alten Götter werden wieder in ihre Rechte eingesetzt, doch wird der Gott Aton einstweilen nicht angetastet.

Mit der Aufgabe von Achetaton und dem Umzug nach Memphis ist jene Zeit beendet, die wir die Amarna-Zeit zu nennen pflegen, denn Achetaton wurde schließlich für immer aufgegeben.

Literatur

Einen allgemeinen **Überblick über König Tutanchaton / Tutanchamun** mit wichtigen Literaturhinweisen gibt M. Eaten-Krauss, in: LÄ VI, Stichwort „Tutanchamun", Sp. 812–816; dies. in: OEAE III, Stichwort „Tutankhamun", S. 452–453. M. Gabolde, D'Akhenaton à Toutánkhamen, Lyon 1998; ders., Das Ende der Amarnazeit, in: Grimm-Schoske, S. 9–41. Schneider, LP, S. 471–474. A. Grimm – H. A. Schlögl, Das thebanische Grab Nr. 136 und der Beginn der Amarnazeit, Wiesbaden 2005, S. 34–38 (Exkurs: Der junge Prinz Tutanchaton). Zur DNS-Analyse: H. A. Schlögl, Nofretete. Die Wahrheit über die schöne Königin, München 2012, S. 118.

Monographien über den König sowie Publikationen seines Grabschatzes und Ausstellungskataloge s. Kapitel „Das in Eile gefertigte Königsgrab". Früheste Nennung des Namens **Tutanchaton mit Prinzentitel**: G. Roeder, Amarna-Reliefs aus Hermopolis (Hrsg. R. Hanke), Hildesheim 1969, Taf. 106, 831 / VIII C.

Tutanchamuns Amme: A. Zivie, The tomb of lady Maïa, wetnurse of Tutankhamun, in: The Bulletin of Egypt Exploration Society 13, London 1998.

Das **Alter des Königs bei der Thronbesteigung** errechnet sich aus dem Sterbealter, das aufgrund medizinischer Untersuchungen der Mumie in einigen Publikationen mit 18–20 Jahren angegeben wird. Zuletzt hat sich

F. Leek, How old was Tutankhamun?, in: JEA 63, 1977, 112–115 der Frage angenommen. Nach Leek könnte das Alter auch nur 16 oder 17 Jahre betragen haben. Mit der bekannten Regierungsdauer von knapp zehn Jahren ergibt sich dann das Alter im Zeitpunkt der Thronbesteigung. Zum Datum der Thronbesteigung: E. Hornung, Untersuchungen zur Chronologie und Geschichte des Neuen Reiches, Wiesbaden 1964, S. 90.

Zur **Titulatur**: Die Namen des Königs erscheinen in der älteren und jüngeren Form etwa auf Gegenständen aus dem Grabschatz (z.B. W. Helck, Urkunden der 18. Dynastie, Abteilung IV, Heft 22, Berlin 1958, S. 2049 ff.). Bei der Veränderung des Geburtsnamens von Tutanchaton zu Tutanchamun wird in der Kartusche auch noch der Beiname „Herrscher des südlichen Heliopolis (d.h. Theben)" aufgenommen. Alle übrigen Namen bleiben sonst unverändert. Zur Namensübersetzung „Tutanchaton" bzw. „Tutanchamun": G. Lefebvre, Grammaire de l'égyptien classique, Kairo 1955², S. 628.

Allgemein über die **Königin Anchesenpaaton / Anchesenamun**: W. Seipel, in: LÄ I, Stichwort „Anchesenpaaton", Sp. 262–263. Als „große königliche Gemahlin" und als „Herrin der Beiden Länder" wird sie z.B. bezeichnet bei W. Helck, Urkunden IV, S. 2033, Z. 9.

Die behutsame **Restauration**: Auf einem Gedenkstein in Berlin (Inv. Nr. 14197) wird der König vor „Amun, dem König der Götter" und der Göttin „Mut, Herrin des Himmels und der Erde" dargestellt. Der König trägt dabei noch seine ältere Namensform Tutanchaton. Auch fand man in Amarna Skarabäen, welche mit dem Thronnamen des Herrschers und gleichzeitig dem Beiwort „geliebt von Amun-Re" oder „Abbild des Amun-Re" dekoriert sind (F. Petrie, Tell el-Amarna, London 1894, Taf. IV, 118–121 bzw. Taf XV, 119). Der Namenswechsel fand noch in Amarna statt: Gegenstände, welche dort gefunden wurden, zeigen den neuen, mit Amun verbundenen Geburtsnamen (W. Wolf, in: ZÄS 65, 1930, 101 ff.).

Das genaue Datum der **Aufgabe von Amarna** ist nicht bekannt. Der Umzug nach Memphis muß aber vor den Weinkrugaufschriften des 4. Regierungsjahres erfolgt sein (R. Engelbach, in: ASAE 40, 1940, 163).

Das **Dekret der Restaurationsstele** erläßt der König erst in Memphis. Zur Datierung: E. Hornung, Untersuchungen zur Chronologie und Geschichte des Neuen Reiches, Wiesbaden 1964, S. 92 und R. Hari, Horemhab et la reine Moutnedjemet ou la fin d'une dynastie, Genf 1965, S. 235 f. sowie J. R. Harris, in: Göttinger Miszellen 6, 1973, 9–11.

Zur Lokalisation des **Palastes von Thutmosis I.**: J. Bennett, in: JEA 25, 1939, 12. Zur Stadt **Memphis** allgemein: C. M. Zivie, in: LÄ IV, Stichwort „Memphis", Sp. 24–41. Auch die dortige Nekropole erhält eine zentrale

Bedeutung durch die Verlegung der Hauptstadt (Porter-Moss III, S. 654–667 und S. 701–718). Zum Typus der Gräber: K. A. Kitchen, in: Festschrift Elmar Edel, 1979, S. 272–284.

Der **Name des Gottes Aton** bleibt bis zum Ende der Regierung völlig unangetastet: J. Cerny, Hieratic Inscriptions from the Tomb of Tut'ankhamun, Oxford 1965, S. 1–4 (Lieferungen einer Aton-Domäne).

Aja und Haremhab

Unter dem minderjährigen Tutanchamun bestimmten vor allem zwei Männer die Richtlinien der Politik, nämlich Aja und Haremhab, welche ihm dann auch nacheinander als letzte Könige der 18. Dynastie auf den Pharaonenthron folgten. Der ältere Aja, der schon unter Echnaton eine führende Rolle gespielt hatte, trug jetzt neben dem ursprünglichen, bedeutenden Titel „Gottesvater" die Titel „Vezir", „Wedelträger zur Rechten des Königs" und „Festleiter der Neunheit". Er scheint aufgrund seiner langjährigen Verwaltungspraxis und seiner Beziehung zum Königshaus die eigentliche Regentschaft in Händen gehalten zu haben, mußte seine Macht aber doch mit dem viel jüngeren „Generalissimus" und „Stellvertreter des Königs an der Spitze der Länder", Haremhab, teilen. Dieser Haremhab hatte unter Echnaton noch keine wichtige Beamtenposition innegehabt; seine Herkunft und sein Aufstieg zu dieser führenden Stellung im Staat liegen im Dunkeln. Das Verhältnis der beiden Männer zueinander war zunächst harmonisch; es spricht nichts dafür, daß sie sich gegenseitig bekämpft hätten, sondern sie scheinen ihre politischen Ziele eher gemeinsam und in gegenseitiger

Abstimmung verfolgt zu haben. Wenn der hochbetagte Aja der direkte Nachfolger Tutanchamuns auf dem Thron werden konnte, dann wohl nur weil Haremhab als Generalissimus nicht in Ägypten war, sondern im kriegerischen Einsatz in Vorderasien weilte. König Aja setzte so bald als möglich Haremhab als Generalissimus ab und ernannte Nachtmin zum Nachfolger. Die Allianz der beiden Männer war damit zerbrochen. Nachträglich wird Haremhab als Pharao die Amarnakönige, zu denen auch Aja gehört, der damnatio memoriae überantworten.

Die wichtigste innenpolitische Entscheidung, die Aja und Haremhab für den minderjährigen König trafen, war zweifellos die Einleitung einer gemäßigten Restauration der Götterwelt und die Aufgabe der Residenzstadt Achetaton zugunsten von Memphis. Die alten Götter des Landes wurden wieder in ihre Rechte eingesetzt; im ganzen Land bis hinein nach Nubien wurde ihnen eine rege Bautätigkeit gewidmet.

Außenpolitisch war Haremhab als Oberbefehlshaber der Armee für die Sicherheit der ägyptischen Grenzen verantwortlich. Er versuchte, durch militärische Aktionen gegen die vordringenden Hethiter wenigstens einen Rest der einstigen Vorherrschaft in Vorderasien für Ägypten zu bewahren. In Nubien leitete er vielleicht einen kleineren Feldzug.

Beiden Regenten, Aja wie Haremhab, standen zahlreiche fähige Beamte zur Seite, doch ist die Feststellung interessant, daß von den führenden Männern Echnatons nur wenige in Amt und Würden geblieben waren. Die Leitung der Militärverwaltung in Nubien lag jetzt in den Händen des „Vizekönigs" Huja, während die Vezirate von Ober- und Unterägypten mit Usermonth und Pentu besetzt waren. Letzterer könnte dabei mit jenem Pentu identisch sein, der am Hofe Echnatons Stellvertreter des „Hohenpriesters des Aton" und „Oberarzt" war. Eine glänzende Position hatte der Beamte

Maja als „Vorsteher des Schatzhauses" und als „Bauleiter" inne. Mit jenem Maja, dem „General" und „Wedelträger zur Rechten des Königs", der unter Echnaton wirkte, scheint er nichts zu tun zu haben. „Hoherpriester des Ptah" in Memphis, des Gottes, der sich von jetzt ab einer ständig steigenden Beliebtheit erfreute, war Ptahemhat, genannt Ti, dessen Begräbnis auf dem berühmten „Berliner Trauerrelief" (Ägyptisches Museum Berlin, Inv. Nr. 12411) dargestellt ist. Einen nicht unbedeutenden Einfluß auf das politische Geschehen besaßen die beiden „königlichen Sekretäre" Nachtmin und Nai, die über das Vertrauen von Aja verfügten. Das nun wieder wichtig gewordene Amt des „Hohenpriesters des Amun" erhielt ein Mann namens Parennefer, dessen Grab in Dra abu el Naga entdeckt wurde.

Bemerkenswerterweise liegen die Gräber der führenden Beamten dieser Zeit mehrheitlich in Memphis; nur wenige bevorzugten die thebanische Nekropole. Auch der „Generalissimus" Haremhab baute sich sein Grab in Memphis. Leider wurde es im vorletzten Jahrhundert aufgefunden und geplündert, galt dann als verschollen und wurde erst 1975 unter der Leitung von G. T. Martin durch eine englisch-niederländische Expedition wiederentdeckt.

Literatur

Leben und Wirken des **Aja** behandelt die Monographie von O. Schaden, The God's Father Ay (Dissertation der Universität Minnesota), 1977. Dazu: J. v. Beckerath, in: LÄ I, Stichwort „Eje", Sp. 1211–1212. Die Denkmäler vor seiner Thronbesteigung hat R. Hari, in: Orientalia 45, 1976, 265–268 behandelt; dazu Schneider, LP, S. 64–66 (mit weiteren Literaturangaben); S. Vinson, in: OEAE I, Stichwort „Ay", S. 160.
Eine umfangreiche **Haremhab**-Monographie ist von R. Hari, Horemheb et la reine Moutnedjemet ou la fin d'une dynastie, Genf 1965 erschienen. Das Leben dieses Mannes ist auch ausführlich behandelt bei E. Hornung, Das Grab des Haremhab im Tal der Könige, Bern 1971. Dazu: J. v. Beckerath, in: LÄ II, Stichwort „Haremhab", Sp. 962–964. Der am Hof Echn-

atons wirkende „General" und „Leiter der Arbeiter" Paatonemhab wird manchmal mit Haremhab gleichgesetzt (z. B. R. Hari, op. cit, S. 29 f.). Dagegen: E. Hornung, op. cit., S.12. Vgl. auch: Schneider, LP, S. 190–193 und H.D. Schneider, in OEAE II, Stichwort „Horemheb", S. 114–116.
Zur Königin **Mutnedjemet**: A. Spalinger, in: LÄ IV, Stichwort „Mutnedjemet", Sp. 252–253.
Literatur zur **Bautätigkeit Tutanchamuns**: Im Tempel von Luxor dekorierte König Tutanchamun die Innenwände mit einer Darstellung der Prozession, die alljährlich beim großen Fest von Luxor stattfand, wenn das Götterbild des Amun von Karnak auf seiner Barke zu diesem Tempel gebracht wurde. Behandelt bei: W. Wolf. Das Schöne Fest von Opet, Leipzig 1931. Spuren seiner Bauten fanden sich etwa in den Blöcken von Arab Abu Tawila (nahe von Heliopolis): zuletzt bei R. Hari, op. cit., S. 387; in Medinet Gurob: Porter-Moss IV, S. 112 f.; in Giza: W. Helck, Urkunden der 18. Dynastie, Abteilung IV, Heft 22, Berlin 1958, S. 2043 und Ch. M. Zivie, Giza au deuxième millénaire, Kairo 1976, chap. 4, doc. NE 45–46. In Nubien errichtete Tutanchamun eine Kapelle für den Gott Amun in Kawa (Porter-Moss VII, S. 181 ff.) sowie einen Tempel in Faras (Porter-Moss VII, S. 124 f.), auch behandelt bei R. Hari, op. cit., S. 384.
Zu den **Kämpfen Haremhabs in Asien**: W. Helck, Die Beziehungen Ägyptens zu Vorderasien im 3. und 2. Jahrtausend v.Chr., Wiesbaden 1971², S. 181 f. (im memphitischen Grab des Generalissimus sind hethitische und asiatische Kriegsgefangene dargestellt!); J. Vandier, Journal des Savants 1967, 86.
Nicht ganz gesichert ist der **Feldzug nach Nubien**: J. Vandier, op. cit., S. 86–88 und A.R. Schulman, in: JARCE 7, 1986, 34 mit Anm. 38.
Zum **Vizekönig von Kusch Huja** hat W. Helck in: LÄ III, Stichwort „Hui I", Sp. 72 das wichtigste Material zusammengetragen. Zu den Veziren Usermonth und Pentu: L. Habachi, in: Glimpes of Ancient Egypt (Studies in Honour of H.W. Fairman), Warminster 1979, S. 32–41.
Der „**Vorsteher des Schatzhauses**" **Maja** errichtete in der memphitischen Nekropole ein Grab (Porter-Moss III, S. 661–663). Die Karriere dieses wichtigen Beamten behandelt E. Hornung, Das Grab des Haremhab im Tal der Könige, Bern 1971, S. 21 sowie E. Graefe, in: LÄ III, Stichwort „Maja", Sp. 1166. Dazu: J. Assmann, In der Unterwelt. Die Funde des ägyptischen „Maja"-Grabes und die Sensationslust, in: Frankfurter Allgemeine Zeitung, Samstag, 22. Februar 1986, Nr. 45, S. 25; G.T. Martin, The Hidden Tombs in Memphis, London 1991, 147–188.
Der „**Hohepriester des Ptah**", **Ptahemhat**, war der Sohn des „Gottesvaters" des Ptah, Hori: Ch. Maystre, in: RdE 27, 1975, 175–179; ders., in:

Ägypten und Kusch (Festschrift für F. Hintze), Berlin 1977, S. 303–307; J. Malek, in: Göttinger Miszellen 22, 1976, 43–46.
Zu **Nachtmin** und seiner wichtigen Stellung: E. Hornung, op. cit., S. 13 mit Anm. 33 und W. Helck, in: MDIK 37, 207–215. Das Grab des Nai befindet sich in Theben (Nr. 271, Porter-Moss I, S. 350) und ist vollständig publiziert von L. Habachi – P. Anus, Le tombeau de Nay à Gournet Marʿeì, Kairo 1977, (MIFAO 97).
Zum **memphitischen Grab des Haremhab**: G. T. Martin, op. cit., 35–98; und ders., The Memphite Tomb of Horemheb, Commander-in-Chief of Tut'ankhamun, vol. 1, The reliefs, inscriptions and commentary (Egypt Exploration Society. Excavation Memoirs 55), London 1989 und dazu H. D. Schneider, The Memphite Tomb of Horemheb, Commander-in-Chief of Tut'ankhamun, vol. 2: A Catalogue of Finds, Leiden / London 1996.

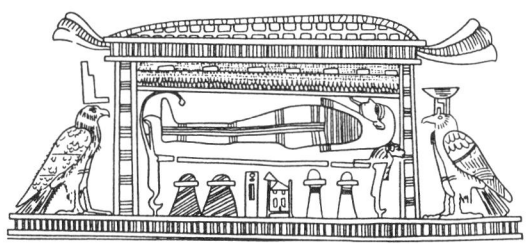

Das in Eile gefertigte Königsgrab

Tutanchamun verstarb bereits in seinem 10. Regierungsjahr, im Alter von ungefähr 18 Jahren. Da er kinderlos blieb, erlosch mit seinem Tod auch das bedeutende Herrscherhaus der 18. Dynastie. Als Todesursache, die den König in so jungen Jahren dahinraffte, kann man einen gewaltsamen Tod, etwa einen Mord und vermutlich auch einen Unfall ausschließen. Die Blumen und Früchte, die man in seinem Grab im Tal der Könige fand, sprechen dafür, daß das Begräbnis in den Monaten März oder April stattfand. Rechnet man nun die drei Monate, die üblicherweise für Einbalsamierung und Überführung an den Begräbnisort benötigt wurden, ab, so ergibt sich daraus, daß Tutanchamun wohl im Dezember 1324 oder im Januar 1323 starb. Für die Grablegung des Körpers und für die Grabbeigaben war der „Vorsteher des Schatzhauses" und „Bauleiter am Platz der Ewigkeit", Maja, verantwortlich. In der Regel begann ein Herrscher unmittelbar nach seiner Thronbesteigung mit dem Bau einer eigenen Grabanlage, doch bei Tutanchamun, der in einer Umbruchzeit den Thron bestieg und zunächst in Achetaton und dann in Memphis residierte, war die Situation anders. Eine Entscheidung über

den Ort der neuen Königsnekropole war offenbar nicht sofort gefällt worden; erst als der junge König unerwartet starb, beschloß man eilig, ihn wieder im Tal der Könige in Theben-West zu bestatten, obgleich die Residenz im Norden lag.
Jedem Besucher des Tales fällt auf, daß das Tutanchamun-Grab schon architektonisch völlig von den anderen Königsgräbern abweicht. Die Anlage war ursprünglich auch sicher nicht für ein königliches Begräbnis vorgesehen, sondern vermutlich schon unter Amenophis III. für Angehörige des Königshauses fertiggestellt worden, dann aber aus unbekannten Gründen unbelegt geblieben. Bestattungen nichtköniglicher Personen konnten durchaus mit Erlaubnis des Herrschers im Tal der Könige erfolgen, allerdings durften diese Privatgräber nur bescheidene Ausmaße besitzen und keinerlei Bebilderung aufweisen. Das Recht auf ein dekoriertes Grab hatte allein der König.
Da aufgrund mangelnder Vorbereitungen und wegen des plötzlichen Todes des Herrschers keine Zeit mehr für die Fertigstellung einer großen königlichen Grabanlage blieb, wählte man für Tutanchamun die unbelegte Begräbnisstätte, die zwar an sich unköniglich war, durch die eilig angebrachte Dekoration und durch die Beigaben aber zu einem Königsgrab umgestaltet wurde. Wir dürfen annehmen, daß die Ausschmückung der Grabkammer innerhalb von drei Monaten erfolgte, eben jener Zeitspanne, die zwischen Tod und Begräbnis des jungen Herrschers lag. Die Verwirrung jener Zeit zeigte sich auch in der Unsicherheit, mit der die religiösen Texte und Bilder für das Königsgrab ausgewählt wurden: man vermischte Elemente eines Beamten- mit denen eines Königsgrabes, was bisher völlig unüblich war. Der königliche Grabschatz aber wurde trotz der Enge des Raumes in eine gewisse systematische Anordnung gebracht.
Die Wiederentdeckung des seit beinahe 3400 Jahren unberührten Tutanchamun-Grabes mit seinem vollständigen

Grabschatz durch den Engländer H. Carter im Jahre 1922 bedeutete die größte archäologische Sensation des 20. Jahrhunderts, und der gewaltige Fund hat bis zum heutigen Tage nichts von seiner Faszination eingebüßt.

Literatur

Das **10. Regierungsjahr** ist bestätigt auf den Weinkrügen in seinem Grab: J. Cerny, Hieratic inscriptions from the Tomb of Tut'ankhamun, Oxford 1965, Nr. 24.
Zum **Alter des Königs** siehe Kapitel „Tutanchaton / Tutanchamun und das Ende der Residenz in Achetaton".
Als **Todesursache** vermutet W. Helck eine Seuche (Die Beziehungen Ägyptens zu Vorderasien im 3. und 2. Jahrtausend v. Chr., Wiesbaden 1971[2], S. 183), und C. Aldred, The Amarna Period and the End of the Eighteenth Dynasty, rev. fasc. 71, Cambridge 1971, S. 22 nimmt aufgrund der Schädelverletzung eher Unfall als Mord an. Diese Theorie ist seit dem Jahre 2005 durch Untersuchungen an der Mumie widerlegt!
Zum Datum von Tutanchamuns Tod: E. Hornung, in: ZDMG 117, 1967, 11 f.
Speziell zur **Grabanlage**: E. Hornung, Struktur und Entwicklung der Gräber im Tal der Könige, in: ZÄS, 105, 1978, 59–66; ders., Tal der Könige. Die Ruhestätte der Pharaonen, Zürich / München 1982, Kapitel 2.
Erste Publikationen der ganzen **Dekoration**: G. Steindorff, Die Grabkammer des Tutanchamun, in: ASAE 38, 1938, 641–667. Die Inschriften sind veröffentlicht bei: M. Beinlich – M. Saleh, Corpus der Hieroglyphischen Inschriften aus dem Grab des Tutanchamun, Oxford 1989 (leider fehlen die Texte der Goldschreine).
Zur **Aufstellung des Grabschatzes**: F. Abitz, Statuetten in Schreinen als Grabbeigaben in den ägyptischen Königsgräbern der 18. und 19. Dynastie, Wiesbaden 1979.
Zum **Grab des Tutanchamun**: R. Drenkhahn (MDIK 39, 1983, 29–37) nimmt an, daß der König ursprünglich im Westtal (Grab des Aja) beigesetzt war. Erst später sei er in sein jetziges Grab (das ehemalige Beamtengrab des Aja) im Tal der Könige überführt worden. Dagegen sieht S. Tawfik, Studien zur Sprache und Religion Ägyptens (Festschrift für W. Westendorf), Göttingen 1984, 1131–1139, das Grab des Tutanchamun eingebettet in die Tradition der Königsgräber der 18. Dynastie.
Das **Leben und der Tod des Königs**, sein Grab im Tal der Könige (Nr. 62 in Porter-Moss I, Part 2), seine einmaligen Grabbeigaben sowie

die aufregende Entdeckungsgeschichte des Grabes sind oft behandelt worden. Bereits ein Jahr nach dem sensationellen Fund erschienen mehrere Publikationen (G.E. Smith, Tutankhamen and the discovery of his tomb by the late Earl of Carnavon and Mr. Howard Carter, London 1923; E.A.W. Budge, Tutankhamen. Amenism, Atenism and Egyptian Monotheism, London 1923; S.A.B. Mercer, Tutankhamen, Milwauky 1923); der ausführlichste Bericht findet sich bei: H. Carter – A.C. Mace, Tutench-amun. Ein ägyptisches Königsgrab, 3 Bde., Leipzig 1924–34 (deutsche Ausgabe). Eine nur einen Band umfassende Kurzfassung davon erschien 1972 zuerst in England und kam ein Jahr später auch in deutscher Sprache heraus: H. Carter, Das Grab des Tut-ench-amun, Wiesbaden 1973. Ergänzend zur Fundgeschichte: T. Hoving, Tutankhamen. The untold story, New York 1978 (deutsche Ausgabe: Der goldene Pharao Tut-ench-amun, Bern/München/Wien 1978). Dazu auch: J. Romer, Valley of the Kings, London 1981 und die hervorragende, ausführliche Monographie über den Ausgräber: T.G.H. James, Howard Carter. The Path to Tutankhamun, London 1992. Weiter die Publikation: N. Reeves – R.H. Wilkinson, Das Tal der Könige. Geheimnisvolles Totenreich der Pharaonen, Düsseldorf 1997.

Wichtige **Teile des Grabschatzes** wurden von J. Capart u.a., Tout-ankh-Amon, Brüssel 1943 und von P. Fox, Der Schatz des Tutanchamun, Wiesbaden 1960 (deutsche Ausgabe) sowie von Chr. Desroches-Noblecourt, Tut-ench-Amun, Leben und Tod eines Pharao, Berlin/Frankfurt/Wien 1963 (deutsche Ausgabe) veröffentlicht. In Schweden erschien eine kleinere Publikation: B. Peterson – B. George, Tva faraoner, arkeologi och historia kring Sesostris I. och Tutanchamun, Stockholm 1973 sowie Z. Hawass – S.S. Vannini, Tutanchamun. Das legendäre Grab des Pharao, München 2008.

Die **wichtigste Veröffentlichung** ist heute die von **C.N. Reeves, The Complete Tutankhamun**: The King, the Tomb, the Royal Treasure, London 1990, mit 519 teils farbigen Abbildungen. Die Publikation bietet auch eine ausgezeichnete Bibliographie zu Tutanchamun (S. 214–217).

Einzelne **Teile des Grabschatzes** werden behandelt bei: A. Piankoff, The Shrines of Tut-Ankh-Amon, Bollingen Ser. XL, Bd. 2, New York 1955; ders., Les Chapelles de Tout-Ankh-Amon, MIFAO 72, 1951/52; N.M. Davies, Tutankhamun's painted Box, Oxford 1962; I.E.S. Edwards, Tutankhamun's Jewelry, The Metropolitan Museum of Art, New York 1976; C.N. Reeves, Ancient Egypt at Highclere Castle: Lord Carnavon and the Search for Tutankhamun, Highclere Castle 1989; M. Eaton-Krauss, The Sarcophagus in the Tomb of Tut'ankhamun, in: C.N. Reeves (Hrsg.), After Tut'ankhamun, Research and Excavation in the Royal

Necropolis at Thebes, London 1992, 85–90; dazu auch C. Vandersleyen, Royal Figures from Tut'ankhamun's Tomb, in: C.N. Reeves, op.cit., 73–84 und J.R. Harris, Akhenaten and Neferneferuaten in the Tomb of Tut'ankhamun, in: C.N. Reeves, op.cit., 55–72.

Dazu seit 1963 die „Tut'ankhamun's tomb series" mit ihren Publikationen: H. Murray – M. Nuttall, A handlist to Howard Carter's catalogue of objects in Tut'ankhamun's tomb, Oxford 1963; J. Cerny, Hieratic inscriptions from the Tomb of Tut'ankhamun, Oxford 1965; W. McLeod, Composite Bows from the Tomb of Tut'ankhamun, Oxford 1970; F. Leek, The Human Remains from the Tomb of Tut'ankhamun, Oxford 1972; L. Manniche, Musical Instruments from the Tomb of Tut'ankhamun, Oxford 1976; W. McLeod, Self Bows and Other Archery Tackle from the Tomb of Tut'ankhamun, Oxford 1982; W.J. Tait, Game-Boxes and Accessories from the Tomb of Tut'ankhamun, Oxford 1982; M.A. Littauer und J.H. Crouwell, Chariots and Related Equipment from the Tomb of Tut'ankhamun, Oxford 1985.

Einzeluntersuchungen: D. Kurth, Zur Erklärung des Bildmotivs auf einem der Prunkohrringe Tutanchamons, ZÄS 109, 1982, 62–65; M. Eaten-Krauss, Tutanchamun als Jäger, Göttinger Miszellen 61, 1983, 49ff.; dies., Die Throne Tutanchamuns: Vorläufige Bemerkung, Göttinger Miszellen 76, 1984, 7–10; G. Robins, Two Statues from the Tomb of Tutankhamun, Göttinger Miszellen 71, 1984, 47–49; G. Robins, Isis, Nephthys and Neith represented on the Sarcophagus of Tutankhamun and in four freestanding Statues found in KV 62, Göttinger Miszellen 72, 1984, 21–25; G. Robins, The Proportions of Figures in the Decoration of the Tomb of Tutankhamun (KV 62) and Ay (KV 23), Göttinger Miszellen 72, 1984, 27–32; M. Eaten-Krauss und E. Graefe, The Small Golden Shrine from the Tomb of Tutankhamun, Oxford 1985; L.V. Zabkar, Correlations of the Transformation Spells of the Book of the Dead and the Amulets of Tutankhamun's Mummy, in: Festschrift „Mélanges offerts à Jean Vercoutter", Paris 1985, 375–388; H. Beinlich, Das Totenbuch bei Tutanchamun, in: Göttinger Miszellen 102, 1988, 7–18. Die Vergöttlichung des Tutanchamun behandelt: L. Bell, in: Festschrift „Mélanges Gamal Eddin Mokhtar", Bd. I, Kairo 1985, 31–59. Zum Blumenschmuck: R. Germer, Die Pflanzenmaterialien aus dem Grab des Tutanchamun (Hildesheimer Ägyptologische Beiträge 28), Hildesheim 1989 sowie das reich bebilderte Bändchen von F. Nigel Hepper, Pharaoh's Flowers. The Botanical Treasures of Tutankhamun, London 1990.

Eine **Einzeluntersuchung spezieller Art**: H.E. Winlock, Materials Used at the Embalming of King Tut'anch-Amun, New York 1941.

Zu den **Echnaton-Tutanchamun-Ausstellungen**: Die erste Tutanchamun-Ausstellung außerhalb Ägyptens mit Objekten aus dem Grabschatz fand 1961–1963 in den USA statt. Katalog: R. Anthes, Tutankhamon's Treasure, American Association of Museums and Smithsoian Institution, 1961/62. Fast die gleiche Ausstellung wurde dann 1965 in Japan gezeigt. Katalog: Tutankhamen Exhibition in Japan (Vorwort von Abdel Kader Hatem), Tokio 1965.
Vom 14. Mai–27. Juni 1965 präsentierte das Museum für Kunst und Gewerbe in Hamburg eine Ausstellung mit Kunstwerken aus der Zeit Echnatons. Katalog: L.L. Möller, Ägyptische Kunst aus der Zeit des Königs Echnaton, Hamburg 1965. In England und Amerika fand eine große Amarna-Ausstellung im Jahre 1999 statt: R. Freed – Y. Markowitz – J. D'Auria – H. Sue (Hrsg.), Pharaohs of the Sun. Akhenaten – Nefertiti – Tutankhamen, London 1999. Dazu: Do. Arnold, The Royal Women of Amarna. Images of Beauty from Ancient Egypt, New York 1996.
Die **erste Serie der Tutanchamun-Ausstellungen** fand in **Paris** 1967 statt. Katalog: Chr. Desroches-Noblecourt, Toutankhamon et son temps, Petit Palais, Paris 1967.
1972 fand im **Britischen Museum** eine Jubiläumsausstellung statt, die mehr Stücke aus dem Grabschatz Tutanchamuns zeigte als die Ausstellungen davor. Katalog: I.E.S. Edwards, Treasures of Tutankhamun, London 1972. Die Sonderausstellung wurde ab 1974 auch in mehreren Städten der Sowjetunion gezeigt. Dazu: I.S. Kacnel'son, Tutanchamon i sokrovisca ego grobnicy (Tutanchamun und seine Grabschätze), Moskau 1976.
In den Jahren 1976–1979 fanden Tutanchamun-Ausstellungen in den **USA und Kanada** statt. Katalog: I.E.S. Edwards, Treasures of Tutankhamun, The Metropolitan Museum, New York 1976. Die Ausstellung wurde 1980/81 in Berlin, Köln, München, Hannover und Hamburg gezeigt. Katalog: J. Settgast u.a., Tutanchamun, Mainz 1980. (Für die Präsentation in Hannover brachte P. Munro einen eigenen kleinen Katalog heraus). Eine **Konkordanz der Tutanchamun-Ausstellungskataloge** bietet: H. Beinlich, Göttinger Miszellen 71, 1984, 11–26.
Eine Tournée-Ausstellung, die Echnaton, Nofretete und Tutanchamun gewidmet war, hatte zu Beginn des Jahres 1975 in den Musées Royaux d'art et d'histoire in **Brüssel** Premiere. Katalog: H. de Meulenaere u.a., Le Règne du soleil. Akhenaton et Néfertiti, Brüssel 1975. Ende April des gleichen Jahres wurde die Ausstellung in **Wien** gezeigt. Katalog: H. Satzinger u.a., Echnaton – Nofretete – Tutanchamun, Wien 1975. Als nächste Stationen folgten München, Berlin und Hildesheim. Katalog: H.W. Müller – J. Settgast u.a., Nofretete – Echnaton, Mainz 1976 bzw. Echnaton –

Nofretete – Tutanchamun (Hildesheim), Mainz 1976. Da die Präsentation jeweils durch Museumsobjekte der verschiedenen Städte erweitert wurde, sind die Kataloge nicht einheitlich. Deshalb zusammenfassend: **Gesamtkatalog** der Nofretete – Echnaton – Ausstellung. Aktuelles Handbuch für die Epoche des rätselvollen Sonnenkönigs, Mainz 1976.

Eine Ausstellung mit dem Titel **„Von Troja bis Amarna"** war 1978 in Berlin, Hamburg und München zu sehen. Katalog: J. Settgast u. a., Von Troja bis Amarna. The Norbert Schimmel Collection New York, Mainz 1978.

Bildmaterial: I. E. S. Edwards, Tutanchamun, das Grab und seine Schätze, Bergisch-Gladbach 1978 (deutsche Ausgabe), zeigt zahlreiche Aufnahmen von H. Burton, die dieser während der Ausgrabungen gemacht hatte. Weiter erschienen: K. El Mallakh – A. C. Brackman, The Gold of Tutankhamen, New York 1978 und A. C. Brackman, The Search for the Gold of Tutankhamen, London 1978. Sehr schönes Bildmaterial zeigt das Buch von M. V. Seton-Williams, Tutanchamun. Der Pharao. Das Grab. Der Goldschatz, Frankfurt 1980 (deutsche Ausgabe). Inhaltlich moderner sind dagegen die knappe Monographie von D. Wildung, Tutanchamun (Piper Galerie), München 1980 und A. Wiese – A. Brodbeck (Hrsg.), Tutanchamun. Das goldene Jenseits. Grabschätze aus dem Tal der Könige, Basel 2004.

Eine wichtige **Ausstellung mit Nachbauten aus der Stadt Achetaton** eröffnete Chr. Tietze im Römisch-Germanischen Museum der Stadt Köln am 31. Mai 2008. Diese Präsentation wurde vom 26. September 2010 bis 30. Januar 2011 im Gustav-Lübcke-Museum der Stadt Hamm gezeigt. Katalog: Tietze, Amarna.

Zum Fortwirken der Amarna-Zeit

Nachdem Tutanchamun – der letzte Herrscher, der noch in Achetaton residiert hatte – gestorben war, verschwand wenige Jahre später der Gott Aton für immer aus der Reihe der ägyptischen Götter. Die letzten Könige der 18. Dynastie, Aja und Haremhab, bemühten sich zunächst, gemeinsam einen Weg des Ausgleichs zwischen Tradition und Revolution zu beschreiten, einen Weg, den sie schon in ihrer Eigenschaft als Regenten für Tutanchamun eingeschlagen hatten. Dabei war es niemals das Ziel ihrer Politik, den Zustand, der vor der Thronbesteigung Echnatons bestanden hatte, wieder herzustellen. Dann aber führte doch schon König Haremhab, der letzte Herrscher der 18. Dynastie, die gewaltsame Restauration herbei: Er gab die Amarna-Könige, zu denen jetzt auch Aja zählte, der allgemeinen Verfemung preis. Auch die Residenzstadt Echnatons, Achetaton, fiel der Zerstörung anheim. König Sethos I., der zweite Herrscher der 19. Dynastie, ließ an den alten Denkmälern die getilgten Gottesnamen – vor allem den des Amun – wieder herstellen.
Doch obgleich man mit soviel Fanatismus versuchte, die revolutionären Jahre der Amarna-Zeit aus dem Gedächtnis der

Menschen auszulöschen, so hatten sie doch Spuren hinterlassen, die ihr Weiterwirken, insbesondere auf dem Gebiet von Kunst und Theologie, nicht mehr verhindern konnten. Der Gott Amun, der vor Echnaton unbestritten den ersten Platz unter den ägyptischen Göttern innegehabt hatte, konnte seine einstmals dominierende Position nur bedingt wiederherstellen: In Zukunft mußte er seine mächtige Stellung mit den Göttern Re und Ptah teilen. Sein Hauptkultort Theben wurde nie wieder Residenzstadt des Landes. In den großen theologischen Dichtungen der Ramessidenzeit (19. und 20. Dynastie), dem „Höhlenbuch" und dem „Buch von der Erde", spielt die Sonnenscheibe, in deren Bild sich einst der Gott Aton manifestiert hatte, eine so beherrschende Rolle, wie sie sie in der Literatur vor der Amarnazeit niemals inne gehabt hatte.

Einen großen Einfluß hatte die Reform Echnatons auch auf die Gestaltung des Königsgrabes der 19. und 20. Dynastie: Die Könige des Neuen Reiches vor Echnaton hatten ihre Felsgräber im Tal der Könige grundsätzlich in einer gebogenen oder rechtwinkligen Achse in die Tiefe der Erde hinabgeführt, wobei jeder König seine Anlage gegenüber der des Vorgängers erweiterte. Mit dieser Tradition hatte Echnaton vollständig gebrochen: Sein Felsgrab in Amarna hat bescheidene Ausmaße und eine gerade Achse, damit die Sonnenstrahlen seines Gottes Aton es erhellen konnten. Gerade aber der Typus dieses Grabes war der Ausgangspunkt für die Entwicklung der gradachsigen, von der Sonne erhellten Königsgräber der späten Ramessidenzeit.

Eine Neuerung Echnatons bestand auch darin, daß er die Umgangssprache des Neuen Reiches, jene Sprachstufe, die wir heute „Neuägyptisch" nennen, zur Schriftsprache erhob. Vor dieser Einführung hatte man sich beim Schreiben des klassischen, aber antiquierten „Mittelägyptischen" bedient, so daß zwischen gesprochenem und geschriebenem Wort

eine große Kluft bestand. Gerade diese Neuerung brachte in der Folgezeit eine reichhaltige und blühende Literatur (Erzählungen, Liebeslyrik u.s.w.) hervor.
Echnaton aber und seine Nachfolger finden keinerlei Erwähnung in den historischen Quellentexten. Nur auf einer Stele in Abydos, die Sethos I. seinem Vater Ramses I. geweiht hatte, wird der Jenseitsglaube und der Totenkult der Amarna-Zeit in dunklen Anspielungen gegeißelt:

> „Keiner kehrte um in seinem Gehen.
> Die Nekropole, keiner kümmerte sich um sie,
> gleich dem Wasser, das am Ufer vorbei rinnt.
> Das Jenseits und seine Pläne waren
> unbekannt geworden durch das Vergessen."
> (Ramesside Inscriptions I, 111, 1–2.)

Ganz besonders nachhaltig aber war der Einfluß Echnatons auf die bildende Kunst; in Relief und Plastik hat die Amarna-Kunst ihr Fortwirken gefunden. Die neuen, vielschichtigen Ausdrucksmöglichkeiten, die durch die religiöse Revolution zum Durchbruch gekommen waren, gingen eine enge Verbindung mit den traditionellen, klassischen Formen ein und prägten so das ganze Kunstschaffen des späten Neuen Reiches.
Obwohl wir kaum gesicherte Quellen haben, dürfen wir annehmen, daß Echnatons Reformbewegung darüber hinaus auch auf die Umwelt Ägyptens eingewirkt hat, wobei man immer wieder an direkten oder indirekten Einfluß auf den alttestamentlichen Monotheismus gedacht hat.

Literatur

König Haremhab hat Echnaton und die Amarnazeit abgestraft (z.B. J.H. Breasted, Geschichte Ägyptens, Zürich 1936, S. 234–236), auch wenn der König in Achetaton noch eine gewisse Bautätigkeit entwickelte. Dazu: R. Hari, Horemheb et la reine Moutnedjemet ou la fin d'une dynastie, Genf 1965, S. 36 ff. Den Totentempel Ajas in der Nachbarschaft von Medinet Habu annektierte er für sich, die Inschriften wurden entfernt, die Statuen zerstört. Selbst das Grab des Aja im Tal der Könige wurde entweiht, seine Namen auch dort getilgt. Der Haß traf gleichermaßen den General Nachtmin. Dessen hervorragende Doppelstatue, die ihn zusammen mit seiner Gemahlin Isis zeigt (CG 779 A+B), wurde gewaltsam zerbrochen, beide Gesichter wurden brutal zerschlagen. Auch das Grab des „Erbprinzen" Nai (TT 271) entging der Zerstörung nicht. Die Statuen von Tutanchamun übernahm Haremhab als seine eigenen, indem er sie mit seinen Namen und Titeln beschriftete, ebenso die Tempelreliefs und die Stelen, deren er habhaft werden konnte. Schließlich machte Haremhab die Epoche durch Streichung aller Pharaonen der Amarnazeit zu einer „Zeit, die es nie gegeben hat", und schloß seinen Regierungsantritt direkt an die Ära von Amenophis III. an.

Die **systematische Auslöschung der Amarnazeit** begann unter Sethos I.: C. Aldred, Echnaton, Gott und Pharao Ägyptens, Bergisch-Gladbach 1968, S. 280; E. Hornung, Das Grab des Haremhab im Tal der Könige, Bern 1971, S. 21 und W. Wolf, Das alte Ägypten (dtv-Monographien zur Weltgeschichte), München 1971, S. 139 f.

Zur Stellung des Gottes **Amun nach der Amarnazeit**: E. Hornung, D. E., S. 232–240.

Zur **Rolle der Sonnenscheibe** im „Höhlenbuch" und im „Buch von der Erde": E. Hornung, Die Unterweltsbücher der Ägypter, Zürich/München 1992^4 (in diesem Band werden beide Literaturwerke in deutscher Übersetzung vorgelegt).

Zum **Königsgrab von Amarna** und seinem **Einfluß** auf die Ramessidengräber: E. Hornung, Tal der Könige. Die Ruhestätte der Pharaonen, Zürich/München 1982, S. 38 ff.

Zur Einsetzung des **„Neuägyptischen" als Schriftsprache**: W. Helck – E. Otto, Kleines Wörterbuch der Ägyptologie, Wiesbaden 1970^2, Stichwort „Sprache" und E. Hornung, Einführung in die Ägyptologie, Darmstadt 1993^2, § 15, S. 36.

Die **Einflüsse der Amarna-Kunst auf die Folgezeit** sind gut aufgezeigt bei: M. Seidel – D. Wildung sowie J. Assmann, in: C. Vandersleyen (Hrsg.), Das Alte Ägypten (Propyläen Kunstgeschichte), Berlin 1975, S. 241–242 und S. 312–317.

Das religiöse Nachwirken von Echnatons Revolution in Ägypten und in seiner Umwelt behandelt E. Hornung, in: O. Keel (Hrsg.), Monotheismus im alten Israel und seiner Umwelt, Freiburg (Schweiz) 1980, S. 94–96; ders., in: K. Rahner (Hrsg.), Der eine und der dreieine Gott, Freiburg i. Brg. 1983, 48–66; V. A. Tobin, Amarna and Biblical Religion, in: Pharaonic Egypt (Hrsg. S. Israelit-Groll), Jerusalem 1985; J. Assmann, Re und Amun. Die Krise des polytheistischen Weltbilds im Ägypten der 18.–20. Dynastie (Orbis biblicus et orientalis 51), Freiburg-Göttingen 1983, 189 ff.; ders., Das kulturelle Gedächtnis, Schrift, Erinnerung und politische Identität in frühen Hochkulturen, München 1992, 196 ff.; ders., Monotheismus und die Sprache der Gewalt, (Wiener Vorlesungen), Wien 2006; R. J. Leprohon, The Reign of Akhenaten seen through the Later Royal Decrees, in: Festschrift „Mélanges Gamal Eddin Mokhatar". Publié sous la direction de Paule Posener-Krieger. Bd. II, Kairo 1985, 93–103. Zum Fortleben vergleiche auch K. Deschner, Abermals krähte der Hahn. Eine kritische Kirchengeschichte, Düsseldorf-Wien 1986, 75 f.
Echnaton als „Frevler" in altägyptischen Texten: Ostrakon (Britisches Museum 5656) übersetzt bei: J. Assmann, Ägyptische Hymnen und Gebete, Zürich 1975, Nr. 190 (5–7) und (20–23); ders., Stein und Zeit, Mensch und Gesellschaft im Alten Ägypten, München 1991, S. 278–280.
Zur **Post-Amarna-Zeit**: R. J. Leprohon, A Vision Collapsed: Akhenaten's reforms viewed through decrees of later reigns, in: Amarna Letters, Vol. 1, Fall 1991 (KMT Communications San Francisco), 66 ff.; C. N. Reeves (Hrsg.), After Tut'ankhamun. Research and Excavation in the Royal Necropolis at Thebes, London, New York 1992. J. Assmann, Moses der Ägypter, München / Wien 1998.

Anhang

Texte der Amarnazeit

- Nicht übersetzte Begriffe
- Inschriften aus dem Grab des Vezirs Ramose
- Text der sog. älteren Grenzstelen
- Text einer der elf jüngeren Grenzstelen
- Der Sonnengesang Echnatons
- Der kleine Sonnengesang
- Das Danklied des Kammerherrn Tutu an König Echnaton
- Lobpreis für König Echnaton und die Stadt Achetaton durch den General Maja
- Eine Inschrift aus dem Grab des Truchseß Parennefer
- Inschriften aus dem Grab des Hohenpriesters des Aton, Merire
- Der erste Diener des Aton im Tempel des Aton in Achetaton, Panehesi, preist König Echnaton
- Aja berichtet in seinem Grab von seinem untadeligen Lebenslauf
- Gespräche zwischen Wachtposten und Jugendlichen aus dem Grab des Aja
- Der nubische Feldzug
- Die Restaurationsstele des Königs Tutanchamun

Die hieroglyphischen Texte der hier wiedergegebenen Literaturauswahl sind publiziert bei M. Sandman, Texts from the Time of Akhenaten, Brüssel 1938 und W. Helck, Urkunden der 18. Dynastie, Abteilung IV, Heft 21–22, Berlin 1958 sowie bei H.S. Smith, The fortress of Buhen; the inscriptions, London 1976, Taf. 75, 1–4 und Taf. 29 (nubischer Feldzug). Grundlage für die Wiedergabe der Stele vom nubischen Feldzug Echnatons sind die Ergänzungen von W. Helck, in: SAK 8, 1980, 117–126.

Namen, die im Originaltext in Kartuschen eingeschrieben sind, werden in den folgenden Übersetzungen mit Großbuchstaben und in Klammern wiedergegeben.

Nicht übersetzte Begriffe

Achet-Jahreszeit	s. Kalender
Chet	Längenmaß: 1 Chet = 1000 Ellen (1 Elle = ca. 52 cm)
Dat	Bezeichnung der jenseitigen Welt
Iteru	Längenmaß: 1 Iteru = 20 000 Ellen = 10,5 km
Ka	Unkörperliches Element von Göttern und Menschen, welches Lebenskraft und Nahrung spendet.
Kalender	Er besteht aus einem Jahr von 365 Tagen, eingeteilt in 3 Jahreszeiten zu je 4 Monaten mit je 30 Tagen plus 5 Epagomenen. An der Spitze des Jahres steht die Achet-Jahreszeit, die Zeit der Überschwemmung. Dann folgt die Peret-Jahreszeit, die Zeit der Aussaat (Winter). Den Abschluß des Jahres bildet die Schemu-Jahreszeit, die Zeit der Ernte (Sommer).
Maat	Zentraler Ordnungsbegriff, der bei der Schöpfung der Welt eingesetzt wurde und der in jeder Beziehung richtige und rechte Ordnung bedeutet. Personifiziert auch als Göttin.
Mnevisstier	Heiliger Stier von Heliopolis. Sein Kult war eng mit dem des Sonnengottes verknüpft.
Peret-Jahreszeit	s. Kalender
Sem-Priester	Priester, der im Namen des Königs amtierte. Später vollzog er vor allem das Ritual beim Begräbnis. Seine Amtstracht war das Pantherfell.
Uräusschlange	Feuerspeiende, aufgebäumte Kobra, die Könige und Götter als Abzeichen ihrer Macht über der Stirne zu tragen pflegen.

Inschriften aus dem Grab des Vezirs Ramose

I. Biographischer Text

Gesprochen vom Fürsten und Grafen, vom geliebten Gottesvater, dem Geheimen Rat im Königspalast, vom Bürgermeister und Vezir, Ramose, selig:

„In Zufriedenheit bin ich zu meinem Grab gekommen und in Gunst des vollkommenen Gottes.
Ich habe das getan, was der König meiner Zeit lobt.
Den Anordnungen, die er traf, habe ich keinen Schaden zugefügt!
Ich habe mich nicht gegen die Menschen versündigt!
Denn ich will ruhen in meinem Grab auf der Westseite von Theben!"

Gesprochen vom Fürsten und Grafen, dem Munde, der das ganze Land zufriedenstellt, vom Sem-Priester und dem Verwalter aller Kleider, vom Siegler des Königs von Unterägypten, vom Bürgermeister und Vezir, Ramose, selig:

„O all ihr Götter der Dat, ihr Richterkollegium,
das sich im abgeschirmten Land befindet!
Laßt mich zum Herrn der Ewigkeit gelangen,
damit ich ihn anbete und sein Ansehen herstelle.
Möge mir (mein) Platz weit sein,
und möge ich unter den Großen, die in deinem Gefolge sind,
den Boden küssen.
Möge ich in Gegenwart ihrer Majestäten das Opferbrot
vom Opfer des Wennefer empfangen,
o möget ihr für mich nach meinem Wunsch tun,
so wie ich es auf Erden tat.
Ich spendete den Göttern und rief die gesamte Neunheit an.
Rein und makellos bin ich mit dem Opfer von Kamutef,
denn ich spendete Speisen den Königen von Ober- und Unterägypten,
die Amun in seinem Tempel liebt,

und den königlichen Gemahlinnen, den Königskindern, den Hofbeamten,
die sein Ka (des Königs) lobt.
Ich ließ nicht ab, ihre Namen täglich zu nennen!"

II. Opferspruch für den König Amenophis III.

Anbetung im Himmel, Jubel im Palast,
Jauchzen im Innern der Halle.
Die Beiden Länder des Horus sind im Lobpreis,
denn Amun ist auf dem großen Thron.
Er ist erschienen als Amun-Re, Herr des Himmels.
Er möge dauern lassen Nebmaatre beschenkt mit Leben!
Er möge seine Lebenszeit verbunden mit ewiger Dauer festsetzen,
seine Lebensjahre verknüpfen mit Hunderttausenden!

Der Bürgermeister und Vezir, Ramose, selig (spricht):
Es lobt dich dein Herr, Amun, in deinem Haus der Lebenden.
Alle westlichen Götter jubeln in Liebe zu dir,
du hast ein Königsopfer dem Amun-Re-Harachte dargebracht,
und dem Atum, dem Herrn von Heliopolis, seinem Auge, seiner Hand, seinem Leib,
dem Osiris, dem Ersten der Westlichen,
der Hathor, der Herrin der Wüste,
dem Anubis, dem Herrn des abgeschirmten Landes
und allen Göttern der Dat.

III. Ramose, nun im neuen Stil dargestellt, betet König Amenophis IV. an

Verehrung geben dem vollkommenen Gott, Erdküssen vor dem Herrn der Beiden Länder durch den Fürsten und Einzigartigen Gefährten, den Bürgermeister und Vezir, Ramose, er sagt:

„Du gehst auf, Nefercheperure, Einziger des Re,
du erscheinst wie dein Vater, der lebendige Aton, er möge dir eine Ewigkeit als König
und eine Unendlichkeit als Herrscher der Freude geben!"

Text der sogenannten älteren Grenzstelen

Regierungsjahr 5, 4. Monat der Peret-Jahreszeit, Tag 13.
Man war an diesem Tag in Achetaton.
Seine Majestät erschien mit einem Pferdegespann,
auf einem großen Wagen aus Elektron wie Aton,
wenn er am Horizont aufgeht und die Beiden Länder mit Liebe erfüllt (…)

Man schlug den schönen Weg nach Achetaton ein,
dem Platz der Schöpfung, den er (der König) ihm (dem Gott) bereitet hat,
daß er tagtäglich in ihm ruhe.
Sein Sohn, der Einzige des Re, hat ihm das große Denkmal gemacht,
denn er hat ihm Achetaton gegründet,
hat so getan, wie er es ihm befahl, daß es geschehen solle.
Der Himmel freut sich, die Erde jauchzt
und jedes Herz ist heiter, da sie ihn schauen.
Es wurden große Opfergaben dargebracht für seinem Vater
(ES LEBT RE-HARACHTE, DER IM HORIZONT JUBELT)
(IN SEINEM NAMEN ALS LICHT, DAS DER ATON IST)
an Brot und Bier, an großen und kleinen Rindern,
an Kälbern und Vögeln, an Wein und Früchten,
an Weihrauch und kühlem Wasser, an allen Arten von guten Pflanzen
zum Gründungstag von Achetaton und für die lebendige Sonne,
die Lobpreis und Liebe entgegennimmt
für Leben, Heil und Gesundheit des Herrn der Beiden Länder
(NEFERCHEPERURE, DER EINZIGE DES RE).

Nachdem dies nach dem Befehl Atons geschah
und er ihm Freude bereitete (…),
da war Achetaton heiter.
Er saß auf seinem großen Thron und er war glücklich darüber,
weil seine Vollkommenheit entrückt wurde. Da war seine Majestät vor seinem Vater
(ES LEBT RE-HARACHTE, DER IM HORIZONT JUBELT)
(IN SEINEM NAMEN ALS LICHT, DAS DER ATON IST),

und die Strahlen des Aton waren auf ihm mit Leben und Heil,
indem sie seine Glieder verjüngten, (so wie) jeden Tag.
Da sagte seine Majestät:

„Holt mir die königlichen Gefährten,
die Großen des Palastes, die Oberbefehlshaber des Heeres (…)".
Man holte sie ihm sofort.
Sie lagen vor seiner Majestät auf ihrem Bauch,
um den Boden vor ihm zu küssen.
Da sagte seine Majestät zu ihnen:
„Schaut Achetaton, von dem Aton wollte,
daß es ihm geschaffen werde
als Denkmal für seinen Namen für alle Zeit!
Aton aber, mein Vater, war es, der auf Achetaton wies,
nicht zeigte darauf ein Beamter,
noch irgendeiner im ganzen Land zeigte darauf mit den Worten,
(…) daß er Achetaton an dieser Stelle erbaue,
sondern Aton, mein Vater, zeigte darauf,
daß man es ihm als Achetaton (da) errichte! (…)

Schaut, Pharao spürte es auf!
Nicht gehört es einem Gott,
nicht gehört es einer Göttin,
nicht gehört es einem Herrscher,
nicht gehört es einer Herrscherin,
nicht gehört es irgendeinem Beamten
oder irgendeinem Menschen, um Anspruch darauf geltend zu machen!"

(Der Text ist lückenhaft. Der König spricht davon, daß Aton ihn allein beauftragt hat, Achetaton zu bauen. Die Beamten antworten ihm, indem sie den König preisen und reiche Abgaben der Fremdländer verheißen.)

Da streckte seine Majestät seinen Arm zum Himmel,
zu dem, der ihn erschaffen hat
(ES LEBT RE-HARACHTE, DER IM HORIZONT JUBELT)
(IN SEINEM NAMEN ALS LICHT, DAS DER ATON IST)
mit den Worten:

„So wahr mein Vater
(ES LEBT RE-HARACHTE, DER IM HORIZONT JUBELT)
(IN SEINEM NAMEN ALS LICHT, DAS DER ATON IST)
lebt,
der vollkommene lebendige Aton,
der Leben schafft und Leben gedeihen läßt,
mein Vater (…)
mein Schutz-Wall von Millionen Ellen,
mein Andenken für immer und dauernd,
mein Zeugnis für die unendliche Zeit,
der sich selbst baute mit eigenen Händen,
kein Schöpfer kannte ihn.
Ein Starker beim Auf- und Untergehen, tagtäglich ohne Unterlaß!
Er ist am Himmel und auf Erden, und jedes Auge sieht ihn (…)

Mit seinen Strahlen erfüllt er das Land und alles belebt er!
Er, der meine Augen täglich trunken macht durch seinen Anblick,
indem er aufgeht im Atontempel von Achetaton.
Durch seine Strahlen füllt er ihn aus mit sich selbst,
herrlich an Liebe!
Er gibt sie (die Strahlen) an mein Antlitz mit Leben und Heil
für immer und in unendlicher Dauer.

Ich errichte Achetaton für Aton,
meinen Vater, an diesem Platz!
Ich will ihm Achetaton nicht im Süden,
im Norden, im Westen oder im Osten davon errichten!
Ich überschreite nicht die südliche Stele von Achetaton nach Süden,
nicht werde ich die nördliche Stele von Achetaton nach Norden überschreiten,
um dort Achetaton zu bauen.

Auch errichte ich es ihm nicht auf der Westseite von Achetaton,
sondern ich baue Achetaton für meinen Vater Aton
auf der Seite des Sonnenaufgangs von Achetaton,
auf einer Stelle, welche er sich selbst bereitet hat
und die für ihn durch ein Gebirge umrahmt ist.

Er ist zufrieden mit ihr, und ich opfere ihm in ihr.
Das ist sie (die richtige Stelle)!

Nicht sage die Königin mir:
„Schau, es existiert ein schönerer Platz an einer anderen Stelle"
– und ich sollte auf sie hören!
Nicht sage mir irgendein Beamter von den Beamten,
die in (meiner) Gunst stehen, oder ein Höfling
oder irgendein Mensch im ganzen Land:
„Schau, es existiert ein schönerer Platz für Achetaton
an einer anderen Stelle"
– und ich sollte auf sie hören!
Sei sie nördlich, sei sie südlich,
sei sie westlich
oder sei sie, wo die (Sonne) aufgeht!
Ich sage nie: „Ich gebe Achetaton auf,
indem ich Order gebe
und Achetaton an dieser anderen, schöneren Stelle erbaue!"…
Ich baue den Großen Tempel für Aton,
meinen Vater, in Achetaton an dieser Stelle!
Und ich baue den Kleinen Tempel für Aton,
meinen Vater, in Achetaton an dieser Stelle!
Ich baue die Sonnenschatten(-Kapelle) für die große königliche Gemahlin
dem Aton, meinem Vater, in Achetaton an dieser Stelle!
Ich baue einen Jubiläumstempel für Aton,
meinen Vater, auf der Insel des Aton,
(namens) „Die die Jubiläumsfeste emporhebt"
in Achetaton an dieser Stelle!
Ich baue einen zweiten Jubiläumstempel für Aton,
meinen Vater, auf der Insel des Aton,
(namens) „Die die Jubiläumsfeste emporhebt"
in Achetaton an dieser Stelle!
Ich werde alle Arbeiten verrichten,
(die nötig) und die zu machen sind für Aton,
meinen Vater, in Achetaton an dieser Stelle (…)

Ich errichte mir Niederlassungen des Pharao,
und ich baue einen Harim
für die königliche Gemahlin in Achetaton an dieser Stelle!
Man baue mir ein Grab in dem Berg von Achetaton,
wo die Sonne aufgeht, in welchem (dann) meine Bestattung
erfolgen soll
nach Millionen von Regierungsjubiläen,
die Aton, mein Vater, mir zugewiesen hat.
Man bestatte darin (auch) nach Millionen von Jahren
die große königliche Gemahlin (NOFRETETE)
(…) und man bestatte darin nach Millionen von Jahren
die königliche Tochter Meritaton.

Wenn ich (aber) nach Millionen von Jahren sterben werde
an irgendeinem Ort,
sei er nördlich, sei er südlich, sei er westlich
oder wo die Sonne aufgeht,
dann soll man mich holen,
damit mein Begräbnis in Achetaton gemacht werden kann.
(Auch) wenn die große königliche Gemahlin (NOFRETETE),
sie lebe,
in Millionen von Jahren stirbt an irgendeinem Ort,
sei er nördlich, sei er südlich, sei er westlich
oder wo die Sonne aufgeht,
dann soll man sie holen,
damit ihr Begräbnis in Achetaton gemacht werden kann.
(Auch) wenn die königliche Tochter Meritaton
in Millionen von Jahren stirbt an irgendeinem Ort,
sei er nördlich, sei er südlich, sei er westlich
oder wo die Sonne aufgeht,
dann soll man sie holen,
damit ihr Begräbnis in Achetaton gemacht werden kann.

Auch baue man eine Begräbnisstätte
für den Mnevisstier in dem Berg von Achetaton,
wo die Sonne aufgeht,
damit sein Begräbnis darin durchgeführt werden kann.

Man errichte Grabanlagen für den Hohenpriester
und für die Gottesväter des Aton
sowie für die Diener des Aton
in dem Berg von Achetaton, wo die Sonne aufgeht,
in welchem ihre Bestattung erfolgen soll.
Man errichte Grabanlagen für alle Beamten
und alle Einwohner in dem Berg von Achetaton,
wo die Sonne aufgeht,
in welchem ihre Bestattung erfolgen soll!

So wahr mein Vater
(ES LEBT RE-HARACHTE, DER IM HORIZONT JUBELT)
(IN SEINEM NAMEN ALS LICHT, DAS DER ATON IST)
lebt,
wenn man die Begräbnisse nicht in ihm macht,
so ist das schlimmer als das,
was ich im 4. Regierungsjahr hörte,
so ist das schlimmer als das,
was ich im (?). Regierungsjahr hörte,
so ist das schlimmer als das,
was ich im 1. Regierungsjahr hörte,
so ist das schlimmer als das,
was (NEBMAATRE) hörte,
so ist das schlimmer als das,
was (MENCHEPERURE) hörte (…)

(Der Rest der Stele ist stark zerstört. Der König verkündet die Feste des Aton und erklärt, daß er allein die Opferhandlungen für den Gott verrichten will.)

Text einer der elf jüngeren Grenzstelen von Amarna

Regierungsjahr 6, 4. Monat der Peret-Jahreszeit, Tag 13.
Es lebe der gute Gott, der mit der Wahrheit zufrieden ist,
der Herr des Himmels und der Erde,
die lebendige Sonne, die Große, welche die Beiden Länder hell macht.
Es lebe mein Vater:
(ES LEBT RE-HARACHTE, DER IM HORIZONT JUBELT)
(IN SEINEM NAMEN ALS LICHT, DAS DER ATON IST),
der Leben gibt immer und ewig, die lebendige Sonne, die Große,
die im Erneuerungsfest ist
und die im Atontempel in Achetaton weilt.

Es lebe Horus: „Starker Stier, von Aton geliebt".
Die beiden Herrinnen: „Mit großem Königtum in Achetaton".
Goldname: „Der den Namen des Aton erhebt".
Der König von Ober- und Unterägypten, der von der Maat lebt,
der Herr der Beiden Länder
(NEFERCHEPERURE, DER EINZIGE DES RE).
Der Sohn des Re, der von Maat lebt, der Herr der Kronen
(ECHNATON) groß in seiner Lebenszeit, beschenkt mit Leben
für immer in unendlicher Dauer.

Der gute Gott, der Einzige des Re,
dessen Vollkommenheit Aton erschuf,
nützlich und wahrhaftig für seinen Schöpfer,
der ihn zufriedenstellt mit dem, was sein Ka will,
der Angenehmes schafft für seinen Erzeuger,
der das Land leitet für den,
der ihn auf seinen Thron gesetzt hat,
und der sein Haus der Ewigkeit mit Nahrung versorgt,
mit Millionen und hunderttausend Dingen,
der den Aton emporhebt, der seinen Namen groß macht,
der gibt, daß das Land seinem Schöpfer gehört:

Der König von Ober- und Unterägypten, der von Maat lebt,
der Herr der Beiden Länder
(NEFERCHEPERURE, DER EINZIGE DES RE),
der Sohn des Re, der von Maat lebt, der Herr der Kronen
(ECHNATON), groß in seiner Lebenszeit, beschenkt mit Leben
für immer in unendlicher Dauer.

Die Prinzessin, die Große im Palast,
die Schöne und Strahlende mit den beiden Federn,
die Herrin der Freude, versehen mit Gunst,
man jauchzt, wenn man ihre Stimme hört:
Die große königliche Gemahlin, die er liebt,
die Herrin der Beiden Länder
(NEFERNEFERUATON NOFRETETE),
sie lebe für immer und dauernd.

Man war an diesem Tag in Achetaton im Mattenzelt,
das für seine Majestät in Achetaton aufgestellt war,
namens „Aton ist zufrieden".
Seine Majestät erschien mit einem Pferdegespann
auf einem großen Wagen aus Elektron wie Aton,
wenn er am Horizont aufgeht
und die Beiden Länder mit seiner Liebe erfüllt.
Man schlug den schönen Weg nach Achetaton ein,
zum ersten Mal, seit man es aufspürte.
Seine Majestät hatte sich bemüht, es als ein Denkmal für Aton zu gründen,
gemäß dem, was sein Vater
(ES LEBT RE-HARACHTE, DER IM HORIZONT JUBELT)
(IN SEINEM NAMEN ALS LICHT, DAS DER ATON IST),
der Leben gibt immer in unendlicher Dauer,
befohlen hat, (nämlich) ihm ein Denkmal darin zu errichten.
Es wurde ein großes Opfer dargebracht
an Brot und Bier, an großen und kleinen Rindern,
Kälbern und Vögeln, an Wein und Früchten,
an Weihrauch und allen Arten von guten Pflanzen
zum Tag der Gründung von Achetaton,
für die lebendige Sonne, die Lobpreis und Liebe entgegennimmt,

für Leben, Heil und Gesundheit
des Königs von Ober- und Unterägypten,
der von Maat lebt,
des Herrn der Beiden Länder
(NEFERCHEPERURE, DER EINZIGE DES RE),
des Sohnes des Re, der von Maat lebt, des Herrn der Kronen
(ECHNATON), groß in seiner Lebenszeit, beschenkt mit Leben
für immer in unendlicher Dauer.

Man zog südwärts,
seine Majestät hielt an auf seinem Wagen vor seinem Vater
(ES LEBT RE-HARACHTE, DER IM HORIZONT JUBELT)
(IN SEINEM NAMEN ALS LICHT, DAS DER ATON IST),
der Leben gibt immer in unendlicher Dauer,
auf dem südöstlichen Berg von Achetaton,
und die Strahlen des Aton waren auf ihm
mit Leben und Heil, indem sie seine Glieder verjüngten,
(so wie) alle Tage.

Der Eid, den der König von Ober- und Unterägypten, der von Maat lebt,
der Herr der Beiden Länder
(NEFERCHEPERURE, DER EINZIGE DES RE),
der Sohn des Re, der von Maat lebt, der Herr der Kronen
(ECHNATON), groß in seiner Lebenszeit, beschenkt mit Leben
für immer in unendlicher Dauer, sprach:

„So wahr mein Vater
(ES LEBT RE-HARACHTE, DER IM HORIZONT JUBELT)
(IN SEINEM NAMEN ALS LICHT, DAS DER ATON IST),
der Leben gibt immer in unendlicher Dauer, lebt,
und so wahr mein Herz erfreut ist über die königliche Gemahlin
und ihre Kinder,
und so wahr ein (hohes) Alter der großen königlichen Gemahlin
(NEFERNEFERUATON NOFRETETE),
sie lebe für immer in unendlicher Dauer,
beschieden ist an Millionen von Jahren

und sie dem Pharao angehört,
und so wahr ein (hohes) Alter der Prinzessin Meritaton
und der Prinzessin Maketaton,
ihren Kindern, beschieden ist
und sie der königlichen Gemahlin,
ihrer Mutter, für immer und dauernd angehören!
Mein Eid der Wahrheit, den mein Herz sprechen wird,
den ich nicht frevlerisch spreche in alle Ewigkeit:

Die südliche Stele, welche auf dem Ostberg von Achetaton steht,
sie ist eine Stele von Achetaton,
die ich an ihrem Platz lassen werde.
In alle Ewigkeit werde ich nicht über sie nach Süden hinausgehen.
Ihr ganz genau gegenüber auf dem Südberg von Achetaton
wurde die südwestliche Stele angebracht.
Die mittlere Stele, welche auf dem Ostberg von Achetaton steht,
sie ist eine Stele von Achetaton,
die ich an ihrem Platz auf dem Berg des Sonnenaufgangs
von Achetaton lassen werde.
In alle Ewigkeit werde ich nicht über sie nach Osten hinausgehen.
Ihr ganz genau gegenüber auf dem Westberg von Achetaton
wurde die nördliche Stele angebracht.
Achetaton, von der südlichen Stele bis zur nördlichen Stele,
in Abmessung zwischen Stele und Stele auf dem Ostberg von
Achetaton
macht sechs Iteru, eindreiviertel Chet und vier Ellen.
In ganz genau gleicher Weise
macht es von der südwestlichen Stele von Achetaton
bis zur nordwestlichen Stele auf dem Westberg von Achetaton
sechs Iteru, eindreiviertel Chet und vier Ellen.

Das innere (Gebiet) dieser vier Stelen
vom Ostberg bis zum Westberg,
das ist das eigentliche Achetaton,
das meinem Vater
(ES LEBT RE-HARACHTE, DER IM HORIZONT JUBELT)
(IN SEINEM NAMEN ALS LICHT, DAS DER ATON IST),

der Leben gibt immer in unendlicher Dauer, gehört mit Bergen,
Wüsten, Feldern, mit neuem Land, Hochland und frischem Land,
mit Äckern, mit Wasser und mit Ortschaften,
mit Uferland, mit Menschen und Vieh,
mit Bäumen und mit allen anderen Dingen,
die Aton, mein Vater, entstehen läßt bis in alle Ewigkeit.

„Ich werde diesen Eid nicht brechen,
den ich Aton, meinem Vater, geschworen habe
für immer und ewig,
sondern er dauert fort auf der steinernen Stele der südöstlichen Grenze
ebenso wie auf der nordöstlichen Grenze von Achetaton.
Ebenso dauert er fort auf der steinernen Stele an der südwestlichen Grenze
und ebenso auf der nordwestlichen Grenze von Achetaton.
Nicht soll er gelöscht werden!
Nicht soll er abgewaschen, ausgehackt (oder) mit Gips überschmiert werden,
und nicht soll bewirkt werden, daß er vergeht.
Wenn er (aber) vergeht,
wenn er unleserlich wird,
wenn die Stele, auf der er steht, stürzt,
dann werde ich ihn wieder erneuern
an gleicher Stelle, wo er ist."

Wiederholung dieses Eides
im 8. Regierungsjahr, 1. Monat der Peret-Jahreszeit, Tag 8,
da man in Achetaton weilte.
Der Pharao stand da, erschienen auf dem großen Wagen von Elektron,
und betrachtete die Stelen des Aton,
die auf dem Berg, an der südöstlichen Grenze von Achetaton, sind.

Der Sonnengesang Echnatons

Schön erstrahlst du am Himmelshorizont,
du lebendige Sonne, die von Uranfang lebt.
Wenn du aufgehst im Osten,
erfüllst du jedes Land mit deiner Schönheit.
Du bist licht, groß und glänzend,
hoch über allem Land.

Deine Strahlen umfangen die Erde,
bis ans Ende von allem, was du geschaffen hast.
Du bist Re, wenn du zu ihren Grenzen gelangst,
wenn du sie willfährig machst für deinen geliebten Sohn.
Bist du auch fern, deine Strahlen sind auf Erden;
du scheinst auf ihre Gesichter, aber unerforschlich ist dein Lauf.

Gehst du unter im Westen,
dann ist die Erde dunkel,
als wäre sie im Zustand des Todes.
Die Schlafenden sind in den Kammern,
bedeckt sind ihre Häupter, kein Auge sieht das andere.
Raubte man alle ihre Habe unter ihren Köpfen hinweg,
sie merkten es gar nicht.
Alle Raubtiere kommen aus ihren Höhlen.
Jede Schlange ist bissig,
die Dunkelheit ist ein Grab,
schweigend liegt die Erde da,
(denn) ihr Schöpfer ist zur Ruhe gegangen in seinem Horizont.

Hell aber wird die Erde, wenn du im Horizont aufgehst.
Leuchtest du am Tage als Sonne auf,
dann schickst du deine Strahlen und vertreibst die Dunkelheit.
Die Beiden Länder sind tagtäglich im Fest.
Was auf Füßen steht, ist aufgewacht,
denn du hast sie aufgerichtet.
Ihre Leiber sind rein, und sie haben Gewänder angelegt,
ihre Arme sind in Anbetung erhoben, weil du erstrahlst.
Dann gehen sie ihrer Arbeit nach im ganzen Land.

Jedes Vieh ist zufrieden mit seinen Kräutern,
Bäume und Blumen wachsen.
Die Vögel fliegen aus ihren Nestern auf,
ihre Flügel preisen deine Lebenskraft.
Alles Wild springt auf den Füßen umher,
alles, was fliegt und flattert, lebt,
seit du aufgegangen bist für sie.
Die Schiffe fahren stromab und stromauf,
jeder Weg steht offen, weil du leuchtest.
Die Fische im Strom springen vor deinem Angesicht,
denn deine Strahlen dringen auch in die Tiefe des Meeres.

Du, der du den Samen in den Frauen reifen läßt,
der du Flüssigkeit zu Menschen machst,
der du den Sohn am Leben erhälst im Leib seiner Mutter
und ihn beruhigst, daß er nicht weint.
Du Amme im Mutterleib,
der du Atem gibst, um alle Geschöpfe am Leben zu erhalten.
Kommt das Kind aus dem Leib heraus am Tage seiner Geburt,
dann öffnest du seinen Mund zum Atmen
und schaffst ihm, dessen es bedarf.

Wenn das Küken im Ei noch in der Schale piept,
gibst du ihm Luft, um es am Leben zu erhalten.
Du hast ihm seine Frist gesetzt,
um die Schale zu zerbrechen.
Dann kommt es heraus aus dem Ei,
um sich zu melden zu seiner Frist,
es läuft auf den Füßchen, wenn es herauskommt aus ihm.

Wie vielfältig sind deine Werke,
die vor dem Angesicht verborgen sind,
du einziger Gott, desgleichen nicht ist!
Nach deinem Wunsch hast du die Erde geschaffen, du ganz allein,
mit Menschen, Tieren und jeglicher Kreatur,
mit allem, was auf der Erde ist
und mit Beinen umherläuft,
und allem, was in der Luft ist und mit seinen Flügeln fliegt

in den Ländern Syrien und Nubien,
dazu im Land Ägypten.
Jeden Mann setzt du an seinen Platz und schaffst, was sie brauchen.
Jeder hat seine Nahrung, und seine Lebenszeit ist bestimmt.
Im Reden sind die Zungen verschieden,
ebenso ihr Wesen und ihr Aussehen,
denn du unterscheidest die Völker.

Du schufst den Nil in der Unterwelt
und brachtest ihn herauf nach deinem Willen,
um die Menschen am Leben zu erhalten, so wie du sie geschaffen hast,
du ihrer aller Herr, der sich abmüht mit ihnen.
Du Herr aller Länder, für die du aufgehst,
du Sonne des Tages, gewaltig an Erhabenheit!
Du läßt auch alle fernen Länder leben,
denn du hast einen Nil an den Himmel gesetzt, der zu ihnen herabfällt.
Eine Flut auf den Bergen bewirkt, dem Meere gleich,
daß ihre Äcker befeuchtet werden mit dem, was sie brauchen.

Wie herrlich sind deine Ratschläge, du Herr der unendlichen Dauer!
Du hast den auswärtigen Völkern den Nil am Himmel gegeben,
und allen fremden Tieren dazu, die auf ihren Beinen herumlaufen.
Aber der wahre Nil kommt aus der Unterwelt nach Ägypten!
Deine Strahlen säugen alle Felder.
Wenn du aufgehst, leben sie und wachsen für dich.
Du hast die Jahreszeiten geschaffen, damit deine Geschöpfe gedeihen können,
den Winter, um sie zu kühlen,
die Sommerglut, damit sie dich spüren.
Den Himmel hast du fern gemacht,
um an ihm aufzugehen, um alles zu schauen, was du geschaffen hast.

Einzig bist du, wenn du aufgegangen bist,
in all deinen Bildern als lebendiger Aton,
der erscheint und erglänzt,
sich entfernt und sich nähert;
du schaffst Millionen Gestalten aus dir allein,
Städte und Dörfer, Fluren, Wege und Wasser.
Alle Augen sehen sich dir gegenüber,
wenn du als Tagessonne über dem Land stehst.
Aber wenn du fortgegangen bist, und dein Auge nicht mehr da ist,
das du um ihretwillen geschaffen hast,
damit du nicht allein dich selber schaust und das, was du geschaffen hast,
auch dann bleibst du in meinem Herzen!
Denn kein anderer ist es, der dich kennt,
als dein Sohn (NEFERCHEPERURE) (ECHNATON);
ihn läßt du deine Absichten und deine Macht erkennen.

Die Welt entsteht auf deinen Wink, so wie du sie geschaffen hast.
Bist du aufgegangen, so leben sie,
gehst du unter, so sterben sie.
Du selbst bist die Lebenszeit, denn man lebt nur durch dich.
Die Augen schauen auf deine Schönheit, bis du zur Ruhe gehst.
Die Arbeit steht still, wenn du im Westen untergehst,
Dein Erscheinen aber macht die Arme für den König stark,
und Eile ist in jedem Bein.
Seit du die Erde gegründet hast, erhebst du sie
für deinen Sohn, der aus deinem Leib hervorgegangen ist,
den König von Ober- und Unterägypten
(NEFERCHEPERURE)
… (ECHNATON) …

Der kleine Sonnengesang

Schön erscheinst du,
du lebendige Sonne, Herr der unendlichen Dauer!
Du bist glänzend, du bist schön, du bist stark,
und deine Liebe ist groß und gewaltig.
Dein Strahlen erhellt alle Gesichter,
und die Herzen belebt deine leuchtende Gestalt.
Du hast mit deiner Liebe die Beiden Länder erfüllt!

Erhabener Gott, der sich selbst formte,
der jedes Land schuf und hervorbrachte, was in ihm ist,
alle Menschen, Herden und Wild,
alle Bäume, die auf der Erde wachsen,
sie leben, wenn du für sie aufgehst.

Mutter und Vater bist du für die, die du geschaffen hast;
ihre Augen sehen durch dich, wenn du erscheinst.
Deine Strahlen haben das ganze Land erhellt,
und jedes Herz jauchzt bei deinem Anblick;
denn du bist als ihr Herr erschienen.

Wenn du untergehst im Westhorizont des Himmels,
dann schlafen sie wie im Zustand des Todes;
ihre Köpfe sind verhüllt und ihre Nasen verstopft,
bis daß dein Aufgehen am Morgen wiedergeschieht
im Osthorizont des Himmels.

Ihre Arme sind in Lobpreis für deinen Ka,
wenn du die Herzen belebst mit deiner Schönheit;
(denn) man lebt ja, wenn du deine Strahlen gibst;
alles Land ist im Fest.

Die Musikanten und Sänger
jubeln vor Freude
im Hofe des Obeliskentempels,
in jedem Gotteshaus von Achetaton,
der Stätte der Wahrheit, mit der du zufrieden bist,
Speisen werden geopfert in ihrem Innern.

Dein makelloser Sohn tut das, was du lobst,
du lebendiger Aton in seinen Erscheinungen!
Alles, was du geschaffen hast, tanzt vor deinem Angesicht!

Dein erlauchter Sohn, sein Herz jubelt vor Freude,
o lebendige Sonne, die zufrieden am Himmel ist Tag für Tag.
Sie gebiert ihren erlauchten Sohn, den Einzigen des Re,
gemäß ihrer eigenen Art, ohne Aufhören.
Der Sohn des Re, der seine Vollkommenheit erhebt,
(NEFERCHEPERURE) (ECHNATON), der Einzige des Re.

Ich bin dein Sohn, der dir angenehm ist und deinen Namen erhebt.
Deine Kraft und deine Stärke sind fest in meinem Herzen.
Du bist die lebendige Sonne, die unendliche Dauer ist dein Abbild.
Du hast den Himmel fern gemacht, um aufzugehen an ihm,
um alles anzuschauen, was du geschaffen hast.

Du bist ein Einziger,
aber Millionen an Leben sind in dir, um sie zu beleben.
Odem für die Nase ist es, deine Strahlen zu sehen!

Alle lebenden Blumen, die auf der Erde wachsen,
gedeihen bei deinem Aufgang;
sie sind trunken vor deinem Angesicht.
Alles Wild tanzt auf seinen Füßen,
die Vögel in ihren Nestern
fliegen vor Freude auf,
und ihre Flügel, die geschlossen waren,
breiten sich aus in Lobpreis
für die lebendige Sonne, ihren Schöpfer.

Das Danklied
des Kammerherrn Tutu an König Echnaton

Du bist Re, du bist das Abbild des lebendigen Aton!
Du wirst seine hohe Lebenszeit verbringen!
Er geht auf am Himmel, um dich, meinen Herrn, zu bilden,
einen, der so verständig wie der Vater ist,
der erkennt, der weise ist und der die Herzen ausforscht.

Deine Hände sind die Strahlen des Aton,
du formst die Menschen und (ihre) Sinnesart.
Mein Herr, möge dir Aton die zahlreichen Sedfeste geben,
die er dir zuwies,
denn du bist ja sein Kind,
du bist aus ihm hervorgegangen.
Einziger des Re, Abbild des Re für immer,
der Re erhebt und Aton zufriedenstellt,
der bewirkt, daß das Land den erkennt,
der es geschaffen hat.
Seinen Namen machst du leuchtend dem Volk
und leitest ihm die Erzeugnisse seiner Strahlen zu.
Er jubelt über dich seit dem Tag, an dem du erschienen bist,
und die ganze Erde erzittert vor dir,
Syrien, Kusch und alle Länder.

Ihre Arme sind bei dir in Lobpreis für deinen Ka.
Sie erbitten Leben in Demut und sprechen:
„Gib uns Atemluft!"
Denn die Furcht vor dir verstopft die Nasen!
Sie wissen um ihr Heil,
denn siehe, die Macht ist in ihnen mit Kraft,
und dein Kriegsruf vernichtet ihre Leiber wie Feuer das Holz.
Die Strahlen des Aton mögen immer über dir aufgehen,
deine Denkmäler sind errichtet, solange der Himmel währt;
in ihnen erscheinst du für immer und ewig,
denn solange Aton ist, bist auch du,
lebendig und jung für immer.

Lobpreis für König Echnaton
und die Stadt Achetaton durch den General Maja

Deine Strahlen (des Aton) sind über deinem herrlichen Abbild,
dem Herrscher der Maat, der aus der Ewigkeit kommt.
Du gibst ihm deine Lebenszeit und deine Jahre
und du vernimmst von ihm, was in seinem Herzen ist.
Du hast den Auftrag des Aton an dein Kind übergeben,
das aus deinen Strahlen hervorkam,
den König von Ober- und Unterägypten
(NEFERCHEPERURE, DER EINZIGE DES RE),
damit er dir das große, prächtige und geliebte Achetaton erbaue,
eine Herrin der Gunst, die reich ist
an Besitz und Opfergaben für Re in ihrem Innern.

Man jubelt beim Anblick ihrer Vollkommenheit,
sie ist herrlich und prächtig;
wenn man sie anschaut, dann ist es wie ein Blick in den Himmel,
ja wie ein Ort, an dem man bis zu ihm gebracht wird.
Wenn Aton in ihr aufgeht, dann erfüllt er sie mit seinen Strahlen
und umarmt seinen geliebten Sohn, den Sohn der Ewigkeit,
der aus Aton kommt, der das Land leitet für den,
der ihn auf seinen Thron setzte und der gibt,
daß das Land dem Schöpfer gehört.
Jedes Land ist im Fest, wenn er erscheint,
alle opfern seinem Ka, dem Aton,
der im Lichtland aufgeht früh an jedem Morgen.

Sein Sohn spendet die Maat deinem schönen Gesicht
und jauchzt, wenn du ihn schaust,
denn er ist aus dir hervorgegangen.
Du hast ihn als König wie Aton eingesetzt,
(NEFERCHEPERURE, DER EINZIGE DES RE),
lebendig und heil wie Aton.

Der Fürst und Graf, der Siegler des Königs von Unterägypten,
der einzigartige Gefährte, der königliche Schreiber, den er
wirklich liebt, der General der Armee des Herrn der Beiden
Länder, Vorsteher des Hauses „das Aton zufriedenstellt", Maja,
er spricht:

„Ich bin ein Diener dessen, der ihn entstehen ließ,
rechtschaffen für den Herrn der Beiden Länder,
nützlich für seinen Herrn, der die Wahrheit in meinen Leib
gesetzt hat
und der einen Abscheu vor der Lüge hat.
Ich weiß, daß deshalb der Sohn des Aton,
(NEFERCHEPERURE, DER EINZIGE DES RE), erfreut ist,
denn er hat mir gegenüber die Gunstbezeigungen vermehrt,
wie die Zahl des Sandes.
Ich bin das Haupt der Beamtenschaft,
ich bin an der Spitze des Volkes.

Mein Herr hat mich nach vorne gestellt,
denn ich tat nach seinen Weisungen
und ich hörte seine Worte ohne Unterlaß
und meine Augen schauen tagtäglich deine Vollkommenheit.
O mein Herr, der du kundig wie Aton bist
und zufrieden mit der Maat,
o wie gedeihlich ist es für den, der auf deine Lehre hört.
Er wird sich sättigen an deinem Anblick,
und er wird ein hohes Alter erreichen.
Mögest du mir ein schönes Begräbnis zuweisen,
mit dem, was dein Ka gibt,
und an dem Platz, den du mir als Ruhestätte anbefiehlst
in diesem Berg von Achetaton, dem Platz für die Begünstigten.

O du, der du Millionen an Nilüberschwemmungen besitzt alle
Tage,
(NEFERCHEPERURE, DER EINZIGE DES RE),
mein Gott, der mich geschaffen hat und durch dessen Ka ich lebe,
laß mich satt sein in deinem Gefolge ohne Aufhören.
Du Kind des Aton, du wirst immer sein,
du, der Millionen an Nilüberschwemmungen besitzt,

Einziger des Re!
O wie gedeihlich ist es für den, der dir folgt!
Mögest du ihm geben, daß all das, was er tut, dauern möge für immer,
möge sein Herr ihm ein Begräbnis verleihen,
denn seine Rede war Wahrheit!"

Eine Inschrift aus dem Grab des Truchseß Parennefer

Der König ordnet an:
„Achte auf das Gottesopfer des Aton!"

Es spricht der königliche Truchseß, rein an Händen, gelobt und geliebt vom Herrn der Beiden Länder, Parennefer, selig:

„Re kennt den Beauftragten, der auf das Gottesopfer achtet!
Der Beauftragte, der nicht auf das Gottesopfer des Aton achtet, den gibt er in deine Hand.
Denn man wägt die Zuwendungen für jeden Gott nach Maßen ab, dem Aton aber gibt man über Gebühr!"

Inschriften aus dem Grab des Hohenpriesters des Aton, Merire

I. Die Einsetzung des Merire in das Priesteramt

Der König, der von Maat lebt, der Herr der Beiden Länder (NEFERCHEPERURE, DER EINZIGE DES RE) spricht zum Größten der Schauenden (Titel des Hohenpriesters) des Aton, Merire:

„Siehe, ich setze dich für mich als Größten der Schauenden in den Tempel des Aton in Achetaton ein.
Ich tue es aus Liebe zu dir mit den folgenden Worten:

Mein angesehener Diener, welcher die Lehre wahrhaftig hört!
Mit jedem Auftrag, den du ausführst, ist mein Herz zufrieden.
Ich gebe dir das Amt und sage:
Du sollst die Nahrung des Pharao,
deines Herrn, im Tempel des Aton essen!"

Der Größte der Schauenden im Tempel des Aton in Achetaton, Merire, selig, er spricht:

„O du Reicher, der die Bedürfnisse kennt und Aton zufriedenstellt!"

(und das ganze Volk ruft aus:)
„Generation auf Generation wird er entstehen lassen,
der vollkommene Herrscher, der Strahl des Aton ewig wird er sein!"

II. Echnaton belohnt Merire

Der König von Ober- und Unterägypten, der von Maat lebt, der Herr der Beiden Länder
(NEFERCHEPERURE, DER EINZIGE DES RE) spricht:

„Vorsteher des Schatzhauses! Beschenke mit Ehrengold den Größten der Schauenden des Aton in Achetaton, Merire! Gib Gold an seinen Hals, an seinen Arm, an seine Füße, weil er die Lehre des Pharao hört, weil er alles tut, was an diesen vollkommenen Stätten gesagt wird, welche der Pharao angelegt hat im Obeliskenhaus im Tempel des Aton und für den Aton in Achetaton.
Angefüllt mit allen schönen Dingen sind sie, mit viel Emmer und Spelt, mit Opfergaben des Aton für Aton."

Der Größte der Schauenden des Aton im Tempel des Aton in Achetaton, der Wedelträger zur Rechten des Königs, der Gelobte des Herrn der Beiden Länder, Merire, er sagt:

„Heil dem Einzigen des Re, dem vollkommenen Kind!
Gib, Aton, daß er eine Lebenszeit verbringt,
und lasse sie immer und ewig dauern!"

Der erste Diener des Aton im Tempel des Aton in Achetaton, Panehesi, preist König Echnaton

Preis dir, mein Gott, der mich formte,
der mir Herrliches bestimmte und der mich entstehen ließ,
der mir Nahrung gibt und dessen Ka meinen Unterhalt schafft.

O Herrscher, der mich unter den Menschen erschuf,
der mich in seiner Gunst sein ließ,
der gibt, daß jedes Auge mich kennt,
ausgezeichnet bin ich durch Ansehen!
Er ließ mich reich sein, da ich arm war.
Alle Menschen meiner Zeit küssen den Boden,
denn ich bin ja in der Gunst meines Schöpfers,
und meine Stadt verehrt mich tagtäglich.

Auf Anordnung des Herrn der Maat bin ich groß!
Und ich gebe Lobpreis bis zur Höhe des Himmels
und Verehrung dem Herrn der Beiden Länder, Echnaton,
dem Schicksalslenker, der das Leben gibt,
dem Herrn der Gebote, Licht jeden Landes,
durch dessen Anblick man lebt,
Nil der Menschheit, durch dessen Ka man gesättigt wird,
dem Gott, der Reiche hervorbringt und Arme erschafft,
Lufthauch jeder Nase, denn man atmet (nur) durch ihn.

Aja berichtet in seinem Grab von seinem untadeligen Lebenslauf

Der Wedelträger zur Rechten des Königs,
der Befehlshaber aller Streitwagentruppen seiner Majestät
und sein wahrhaft geliebter königlicher Sekretär,
der Gottesvater Aja, der das Leben wiederholt, er sagt:
„Tagtäglich bin ich der Gelobte seines Herrn!
Größer ist mein Lobpreis in diesem Jahr als in einem anderen,
(meine) Trefflichkeit war überragend für sein Herz!

Und er vermehrte mir seine Gunstbeweise wie die Zahl des Sandes.
Ich bin der Erste der Großen
und an der Spitze des Volkes."

Der Wedelträger zur Rechten des Königs,
ein großer Freund, der zu seinem Herrn herantreten kann,
sein wahrhaft geliebter königlicher Sekretär,
der Gottesvater Aja, selig, er sagt:
„Wahrhaftig und gerecht bin ich,
frei von Habgier.
Mein Name gelangt zum Palast
wegen der Nützlichkeit für den König
und weil mein Ohr auf seine Lehre hörte.
Ich verwirklichte seine Gesetze
ohne die Worte zu verdrehen und den Sinn zu zerstören (…)"

Der Wedelträger zur Rechten des Königs,
der Königsvertraute im ganzen Land,
sein wahrhaft geliebter königlicher Sekretär,
der Gottesvater Aja, der das Leben wiederholt, er sagt:
„O jeder, der auf Erden lebt,
alle Geschlechter, die (einst) kommen werden,
den Weg des Lebens weise ich euch!
Ich bezeuge euch die Beweise der Gunst.
Ihr werdet meinen Namen lesen
und das, was ich geleistet habe,
denn ein Wahrhaftiger war ich auf Erden!
Gebt Verehrung dem lebendigen Aton,
dann werdet ihr im Leben stark sein!
Sprecht zu ihm: Laß den Herrscher gesund sein!
Laß den Herrscher gesund sein,
dann wird er euch die Gunstbeweise vermehren."

Der Wedelträger zur Rechten des Königs,
der Befehlshaber aller Streitwagentruppen
des Herrn der Beiden Länder,
sein wahrhaft geliebter königlicher Sekretär,
der Gottesvater Aja, selig, er sagt:

„Ein Tüchtiger bin ich,
einer, der Charakter besitzt,
ein Erfolgreicher zufriedenen Herzens
und freundlich, (…)
einer, der dem Ka seiner Majestät nachfolgt,
wie er es angeordnet hat,
denn ich höre auf seine Stimme ohne Unterlaß!
So erreichte (ich) diese Gunstbeweise
und wurde in Frieden alt."

Der Wedelträger zur Rechten des Königs,
ein großer Freund, dessen Herz sich nach ihm verzehrt,
sein wahrhaft geliebter königlicher Sekretär,
der Gottesvater Aja, der das Leben wiederholt, er sagt:
„Ich bin ein Gerechter des Königs, den er entstehen ließ,
einer, der richtig handelte für den Herrn der Beiden Länder,
und einer, der seinem Herrn nützlich war.
Einer, der seine Vollkommenheit schauen durfte,
wenn er in seinem Palast erschien,
denn ich stand an der Spitze der Beamten und Höflinge,
der erste Mann des Königs in seinem ganzen Gefolge.
Er pflanzte die Wahrheit in meinen Leib
und die Abscheu vor der Lüge.
Ich lebe durch die Verehrung seines Ka
und sättige (mich) durch seinen Anblick."

Der Wedelträger zur Rechten des Königs,
einer, der vom Herrn der Beiden Länder
wegen seiner Sinnesart geliebt wird,
sein wahrhaft geliebter königlicher Sekretär,
der Gottesvater Aja, selig, er sagt:
„O jeder, der das Leben liebt
und (sich) eine schöne Lebenszeit ersehnt,
verehrt den einzigen König wie Aton,
denn es existiert kein anderer Großer außer ihm.
Dann wird er euch eine Lebenszeit in Freude geben
und (dazu) Nahrung, die (nur) er geben kann."

Gespräche zwischen Wachtposten und Jugendlichen aus dem Grab des Aja

1. Wachtposten: „Wem gilt denn der Jubel, mein Junge?"

1. Knabe: „Man jubelt dem Aja zu, dem Gottesvater und (seiner Gemahlin) Tjj! Zu Menschen mit Ehrengold sind sie gemacht!"

1. Wachtposten: „Du solltest (sie) anschauen, die so überreich an Lebenszeit sind!"

2. Wachtposten: „Lauf doch, geh, schau dem großen Jubel zu, damit du sagen kannst, für wen er ist. Komm aber schnell zurück!"

2. Knabe: „Ich tu es! Und bin (gleich wieder) hier!"

Ein Besucher: „Wer ist denn der, den man so bejubelt?"

3. Wachtposten: „Bleib stehen, dann siehst du das Schöne, welches der Pharao, der lebt, heil und gesund ist, dem Aja, dem Gottesvater, und der Tjj tut. Der Pharao, der lebt, heil und gesund ist, gibt ihm gerade zahlreiche Gaben an Gold und ebenso andere Geschenke."

3. Knabe: „Paß doch auf den Stuhl und den Behälter auf. Wir wollen nur sehen, was dem Aja, dem Gottesvater, zu teil wird."

4. Knabe: „Bleib' aber nicht zu lange, denn sonst gehe ich weg und nehme (die Sachen) mit, mein Lieber!"

Der nubische Feldzug

Regierungsjahr 12, 3. Monat der Achet-Jahreszeit, Tag 20.
Es lebe der Herrscher, mit starker Kraft,
von Aton geliebt im ganzen Lande (…)
der König von Ober- und Unterägypten, der von Maat lebt,
der Herr der Beiden Länder
(NEFERCHEPERURE, DER EINZIGE DES RE),
der Sohn des Re, der von Maat lebt, der Herr der Kronen
(ECHNATON), groß in seiner Lebenszeit, beschenkt mit Leben
für immer in unendlicher Dauer.

Erschienen auf dem Thron seines Vaters Aton
wie Re am Himmel und auf Erden tagtäglich.
Seine Majestät war in Achetaton,
als man kam, um ihm zu melden:
„Die Feinde vom Lande Akujati sinnen Aufruhr gegen Ägypten!
Sie sind (schon) zum Lande Nubien hinabgestiegen,
um ihnen den Lebensunterhalt wegzunehmen!
Sie durchziehen jeden Bezirk, um zu (…)

Da gab Seine Majestät dem Königssohn von Kusch
und Vorsteher der südlichen Fremdländer Anweisung, ein Heer aufzustellen,
um die Feinde vom Fremdland Akujati niederzuwerfen,
Männer ebenso wie Frauen.
Man fand den Feind auf der östlichen Seite des Flusses
nördlich der „Steinbruchzisterne".
Es erbeutete sie der kraftvolle Arm des Herrschers in einem Augenblick,
und in der Wüste fand ein großes Gemetzel statt,
der Fliehende wurde niedergestreckt, als hätte er nie existiert.
Akujati war angeberisch in seinem Herzen,
aber der wilde Löwe, der Herrscher, er hat sie niedergestreckt
auf Befehl seines Vaters Aton, in Tapferkeit und Stärke.

(Es folgt nun eine Liste der gewonnenen Beute)

Der Königssohn von Kusch und Vorsteher der südlichen
Fremdländer, Thutmosis, er spricht:
„Sei gegrüßt, du vollkommener Gott!
(...)
Die Furcht vor dir ist in ihren Herzen,
und es gibt keine Empörung in deiner Zeit.
Der dich angreift, wird nicht mehr sein.
Groß ist deine Macht gegen den, der dich angreift,
du vollkommener Gott, denn deine Stärke ist gewaltig.
Dein Kriegsruf ist wie die Flamme im Rücken jedes Fremdlandes
und jedes Land ist in Ruhe.
Es kommen zu dir alle Fremdländer einmütig und eines Sinnes,
und sie entblößen tagtäglich ihr Land.
Sie geben dir selbst ihre Kinder,
damit Atemluft zu ihren Nasen gelangt
durch deinen Ka, Herr der Beiden Länder (EINZIGER DES RE).
Dein Ka wirkt gegen den, der dich angreift."

Die Restaurationsstele des Königs Tutanchamun

Regierungsjahr 1 (?), 4. Monat der Achet-Jahreszeit, Tag 19
unter der Majestät des Horus: „Starker Stier, mit vollkommen Geburten",
die Beiden Herrinnen: „Mit vollkommenen Gesetzen,
der die Beiden Länder zur Ruhe bringt",
Goldname: „Der die Kronen erhebt und die Götter befriedet",
der König von Ober- und Unterägypten (NEBCHEPERURE),
der Sohn des Re
(TUTANCHAMUN, HERRSCHER DES SÜDLICHEN HELIOPOLIS)
beschenkt mit Leben wie Re für immer und dauernd,
geliebt von Amun-Re,
dem Herrn der Throne der Beiden Länder,
dem Gebieter von Karnak,
von Atum, dem Herrn der Beiden Länder

und dem (Herrn) von Heliopolis,
von Re-Harachte,
von Ptah, der südlich seiner Mauer ist,
dem Herrn des Lebens der Beiden Länder,
und von Thot, dem Herrn der Schrift.

Erschienen auf dem Horusthron der Lebenden
wie sein Vater Re jeden Tag,
der gute Gott, der Sohn des Amun,
Kind des Kamutef, göttlicher Sprößling aus dem erhabenen Ei,
den Amun selbst zeugte, der Vater der Beiden Länder,
der den bildet, der ihn bildet,
der den hervorbringt, der ihn hervorbringt.
Die Mächte von Heliopolis traten zusammen,
um ihn entstehen zu lassen,
um einen König für immer zu schaffen, einen Horus, der dauert für alle Zeit.
Ein vollkommener Herrscher,
der für den Vater aller Götter Nützliches tut,
der ihm (wieder) gedeihen läßt, was an Denkmälern der Ewigkeit stürzte,
der ihm das Unrecht in Beiden Ländern zurückwarf,
damit die Maat dauert auf ihrem Platz.
Er gibt, daß die Lüge zur Sünde wird,
und läßt das Land wie bei seiner ersten Schöpfung sein.
Denn da seine Majestät als König erschien,
da waren die Tempel der Götter und Göttinnen
von Elephantine bis hin zu den Lagunen des Deltas
(...) im Begriff vergessen zu werden
und ihre heiligen Stätten im Zustand des Untergangs
zu Schutthügeln geworden, die mit Unkraut bewachsen sind,
ihre Gotteshäuser waren wie etwas, das es nicht gibt,
und ihre Tempel waren ein Fußweg.
Das Land machte eine Krankheit durch,
die Götter, sie kümmerten sich nicht um dieses Land.
Wenn man ein Heer nach Syrien aussandte,
um die Grenzen Ägyptens zu erweitern,
so war diesem nicht der geringste Erfolg beschieden.

Wenn man sich an einen Gott bittend wandte,
um von ihm Rat zu erfragen,
so kam er nicht herbei, in keinem Fall.
Wenn man in gleicher Weise eine Göttin anging,
so kam sie nicht herbei, in keinem Fall.
Denn ihre Herzen waren schwach in ihren Körpern
und sie hatten zu wirken aufgehört.

Nachdem aber die Tage darüber vergangen waren,
da erschien Seine Majestät auf dem Thron seines Vaters.
Er herrscht über die Ufer des Horus;
das schwarze und das rote Land sind unter seiner Aufsicht,
und jedes Land beugt sich vor seiner Macht.
Seine Majestät aber ist in seinem Palast,
der sich in der Anlage des (AACHEPERKARE) befindet,
wie Re im Innern des Himmels.
Seine Majestät sorgt sich um dieses Land
und den täglichen Bedarf Ägyptens.
Seine Majestät berät sich mit seinem Herzen,
um irgend etwas Treffliches zu ersinnen,
um nachzudenken, wie man Nützliches für den Vater Amun
tun könnte, um sein herrliches Abbild aus echtem Elektron zu bilden.
Mehr gibt er, als man früher getan hat!

Er bildet seinen Vater Amun auf 13 Tragstangen,
sein heiliges Abbild ist aus Elektron, Lapislazuli, Türkis
und allerlei herrlichen Edelsteinen.
Die Majestät dieses erhabenen Gottes
war aber früher nur auf 11 Tragstangen gewesen!
Er bildet (auch) Ptah, der südlich seiner Mauer ist,
den Herrn des Lebens der Beiden Länder;
sein herrliches Abbild aus Elektron ist auf 11 Tragstangen,
sein heiliges Abbild (besteht) aus Elektron, Lapislazuli, Türkis
und allerlei herrlichen Edelsteinen.
Die Majestät dieses erhabenen Gottes
war aber früher nur auf 7 Tragstangen gewesen!

Seine Majestät schafft Denkmäler für die Götter,
bildet ihre Kultstatuen aus echtem Elektron vom Besten der Fremdländer,
er erbaut ihre Gotteshäuser neu als Denkmäler der Ewigkeit,
trefflich versorgt für immer!
Er weist ihnen Gottesopfer als ständige Stiftung zu
und sorgt für ihre Opferkuchen auf Erden.
Er gibt mehr, als früher war,
und übertrifft das, was seit der Zeit der Vorfahren geleistet wurde.
(Sowohl) Kinder von Beamten ihrer Stadt
(als auch) den Sohn eines berühmten Mannes, dessen Name bekannt ist,
setzt er als reine Priester und Gottesdiener ein.
Er macht ihre Altäre aus Gold, Silber, Bronze und Kupfer zahlreich,
ohne daß es ein Ende gibt an allen Dingen.
Er füllt ihre Magazine mit Dienern und Dienerinnen
aus dem Beuteanteil seiner Majestät.
Alle Leistungen für die Tempel werden vergrößert,
verdoppelt, verdreifacht, vervierfacht
an Silber und Gold, an Lapislazuli und Türkis
und an allerlei herrlichen Edelsteinen,
an Königsleinen, an weißem Leinen, an buntem Leinen,
an Geschirr, Salben, Öl, (…)
Weihrauch, an Räucherwerk und Myrrhen,
ohne daß es ein Ende gibt an allen schönen Dingen.

Seine Majestät zimmert ihre Götterbarken auf dem Fluß
aus neuem Zedernholz, vom besten der Terrassen,
vom erlesensten des Libanon,
überzogen mit Gold, vom feinsten der Fremdländer,
so daß sie den Fluß erstrahlen lassen.
Seine Majestät reinigt Diener und Dienerinnen,
Sängerinnen und Tänzerinnen, die als Angestellte im Königspalast sind,

und man rechnet ihre Dienstleistung als Schuld dem Palast
und dem Schatzhaus des Herrn der Beiden Länder auf.
Ich lasse sie frei sein für die Väter aller Götter,
mit dem Wunsch, daß sie (die Götter) zufriedengestellt werden,
weil man tut, was ihr Ka wünscht,
und damit sie Ägypten (wiederum) schützen.

Die Götter und die Göttinnen in diesem Lande,
ihre Herzen freuen sich,
die Herren der Tempel sind im Jubel,
die Länder jauchzen und spenden Lobpreis;
Heiterkeit durchzieht das ganze Land,
da ein so vollkommener Zustand eingetreten ist.
Die Götterneunheit im Allerheiligsten, ihre Arme deuten Verehrungen an,
und ihre Hände sind voll mit Regierungsjubiläen für immer und dauernd.

Jedes Leben und Heil von ihnen ist an der Nase des starken Königs,
des Horus, der die Geburten wiederholt,
des geliebten Sohnes seines Vaters Amun-Re, des Königs der Götter.
Er hat ihn geschaffen als sein Abbild,
den König von Ober- und Unterägypten (NEBCHEPERURE),
geliebt von Amun, als seinen wahrhaft ältesten Sohn, den er liebt.
Er, der seinen Vater, der ihn geschaffen hat, schützt
und dessen Königtum das Königtum seines Vaters Osiris ist,
der Sohn des Re
(TUTANCHAMUN, HERRSCHER DES SÜDLICHEN HELIOPOLIS).
Ein Sohn, der nützlich ist für seinen Vater,
reich an vielen und zahlreichen Denkmälern,
der Denkmäler schafft aus Rechtschaffenheit für seinen Vater Amun,
mit schönen Erscheinungsformen, der Herrscher, der Ägypten gegründet hat.

An diesem Tag war man im schönen Palast,
der sich in der Anlage des seligen (AACHEPERKARE) befindet.
Da war seine Majestät verjüngt,
und er nahm in Besitz die (Uräusschlange), die über seinen Leib eilt,
er, den Chnum (selbst) gebildet hat (…)
denn er ist einer mit kräftigem Arm!
Mit mächtiger Kraft, über die Stärke hinaus,
so groß an Kraft wie der Sohn der Nut, mit kräftigem Arm wie Horus;
es gibt nicht seinesgleichen an Tapferkeit
in allen Ländern zusammen.
Kundig wie Re, ein Künstler wie Ptah,
ein Erkennender wie Thot, der die Gesetze festlegt,
trefflich im Befehlen (…)

Hervorragend ist das, was aus (seinem) Munde kommt,
der König von Ober- und Unterägypten,
der Herr der Beiden Länder, der Herr des Rituals, der Herr der Kraft
(NEBCHEPERURE), der die (Beiden) Länder (?) befriedet (…)
der wirkliche Sohn des Re, den er liebt,
der Herr jeden Fremdlandes, der Herr der Kronen,
(TUTANCHAMUN, HERRSCHER DES SÜDLICHEN HELIOPOLIS),
beschenkt mit Leben, Dauer, Herrschaft wie Re für immer
und dauernd.